Heibrich Bockhoff

Der syntaktische Gebrauch der Tempora im Oxforder Texte des Rolandsliedes

Gekrönte Preisschrift

Heibrich Bockhoff

Der syntaktische Gebrauch der Tempora im Oxforder Texte des Rolandsliedes
Gekrönte Preisschrift

ISBN/EAN: 9783744619400

Hergestellt in Europa, USA, Kanada, Australien, Japan

Cover: Foto ©Thomas Meinert / pixelio.de

Weitere Bücher finden Sie auf **www.hansebooks.com**

DER
SYNTAKTISCHE GEBRAUCH DER TEMPORA
IM
OXFORDER TEXTE DES ROLANDSLIEDES.

(GEKRÖNTE PREISSCHRIFT.)

INAUGURAL-DISSERTATION,

WELCHE MIT

GENEHMIGUNG DER PHILOSOPHISCHEN FAKULTÄT

DER

KÖNIGLICHEN AKADEMIE ZU MÜNSTER

ZUR

ERLANGUNG DER PHILOSOPHISCHEN DOKTORWÜRDE

AM

14. FEBRUAR 1880

ÖFFENTLICH VERTHEIDIGEN WIRD

DER VERFASSER

HEINRICH BOCKHOFF

AUS STADTLOHN I. WESTF.

MÜNSTER.

GEDRUCKT BEI E. C. BRUNN.

1880.

SEINER TANTE,

DER LEHRERIN

HELENA SCHIPPMANN

IN

DANKBARER VEREHRUNG

GEWIDMET

VOM

VERFASSER.

Bevor wir an die behandlung des themas herantreten, sei es uns erlaubt, zur orientirung einige einleitende bemerkungen vorauszuschicken.

1) Eine darlegung des syntaktischen gebrauchs der tempora umfasst die untersuchung der bedeutung der einzelnen tempora, der verhältnisse, unter denen sie abweichend von ihrer grundbedeutung andere zeitformen vertreten, derjenigen verbindungen, conjunktionen und adverbien, welche auf dieses oder jenes tempus einen ausschliesslichen oder vorwiegenden einfluss ausüben, der beziehung, in welcher verwandte tempora zu einander stehen und des unterschiedes in ihrem gebrauche. Als nicht hergehörig betrachten wir die anwendung der hülfsverba in der bildung der zusammengesetzten zeiten und die untersuchung über die behandlung des participiums auf seine veränderlichkeit, gegenstände, die man nach Diez eintheilung (Gram. III³ 272 ff.) hieher ziehen könnte.

Eine wissenschaftliche darstellung verlangt auch steten hinweis auf den lateinischen und neufranzösischen sprachgebrauch; wo ein solcher hinweis thunlich, namentlich wo abweichungen stattfinden, haben wir dieser anforderung gerecht zu werden gesucht.

2) Was die methode der behandlung anbelangt, so ist die natürlichste die behandlung in der reihenfolge der einzelnen tempora. Eine unterscheidung des gebrauchs der zeitformen im einfachen und zusammengesetzten, oder im haupt- und nebensatze ist, abgesehen davon, dass man in

jeder hälfte doch nur wieder die reihenfolge der tempora als norm der behandlung nehmen könnte, deshalb zu verwerfen, weil jene scheidung in der that keinen durchgreifenden unterschied begründet, so dass vieles zweimal gesagt werden müsste. Gerechtfertigter ist eine trennung des gebrauchs der tempora in historischer und in directer rede; wir haben dieselbe auch innerhalb der behandlung einiger tempora eintreten lassen: praes., fut., perf. simplex (perf. I) und perf. composit. (perf. II.) Was nun die anordnung oder reihenfolge der tempora selber angeht, so sind wir hier von der gewöhnlichen weise abgegangen. Prinzipiell nämlich scheiden sich sämmtliche tempora in zwei gruppen, praesentiale (praes., perf. II., fut.) und praeteritale tempora (imperf., perf. I, plusq. I und II und cond.), auch haupt- und nebentempora genannt. Von dieser gruppirung sind wir ausgegangen und alsdann die einzelnen tempora in der gewöhnlichen reihenfolge geordnet und behandelt worden.

3) Von den ausgaben des Oxforder textes ist diejenige von Theodor Müller und zwar die 2. (3.) auflage unserer arbeit zu grunde gelegt, weil wir in derselben einen correkten, durchaus gesichteten und lesbaren text vor uns haben. Was jedoch abänderungen in betreff der tempora anbelangt, so haben wir uns an die wirkliche lesart des cod. Digby 23 (diplom. abdruck v. Stengel, Heilbronn 1878) gehalten. Ist blos das verbum aus irgend einem grunde verändert oder verstellt, das tempus aber unberührt geblieben, so wurde die änderung acceptirt. Wo verschiedene lesarten möglich, haben wir uns einfach an Müller gehalten.

Nach diesen bemerkungen gehen wir zur behandlung des gegenstandes selbst über.

A. Die indikativischen tempora.

Das praesens.

Das praes. indikativ ist wie seiner form, so auch seinem inhalte nach mit dem praes. ind. des lateinischen homogen. Es bezeichnet eine handlung, welche in der wirklichen oder gedachten gegenwart des sprechenden stattfindet. Demgemäss zerfallen die praesentia in zwei grosse gruppen, die praesentia der direkten und der historischen rede.*) Obwohl diese scheidung praktisch betrachtet keine durchgreifende ist, da z. b. das praes. in futuralem sinne beiden gruppen angehörig, so ist sie doch theoretisch durchgreifend, da ja jenes praes. keine futurale anschauung, sondern eine für die phantasie durchaus praesentiale auffassung in sich schliesst, mithin der grundunterschied zwischen dem logischen und historischen praes. aufrecht erhalten bleibt.

I. Das praesens der direkten rede.

1) Das praes. steht zur bezeichnung einer handlung, die mit der gegenwart des sprechenden zusammen fällt, die in dem augenblicke vor sich geht, wo sie gesprochen wird. Es steht im haupt- und nebensatze;

a. in hauptsätzen aller art:
18. 19. 56. 71. 77. 144. 150. 182. 191. 228. 248. 256. 288. 292. 294—96. 299. 308. 314. 318. 327. 330. 352. 359. 370. 375. 377. 381. 392. 395. 397. 400. 421. 422. 430. 445. 456. 467. 490. 497. 516 etc.;

---

*) **Anmerkung**: Die gegenüberstellung von „directer" und „historischer" rede mag befremden, daher zur begründung folgendes: Die historische rede ist diejenige, deren zeitsphäre die absolute vergangenheit ist; ihr gegenüber steht die rede der absoluten gegenwart; da diese nun fast nur in der direkten rede zum ausdruck kommt, so haben wir letztere in ermangelung eines besseren ausdrucks der historischen rede gegenüber gestellt.

b. in nebensätzen aller art:
48. 253. 261. 363. 417. 422. 477. 488. 516. 15. 191. 460. 2912. 2981. 2553. 2567. 531. 1774. 2030. 2427. 285. 289. 300. 549. 2619. 2667 etc.

Bemerkungen.

1) Aus obiger zusammenstellung geht hervor, dass das praes. log. in jeder stellung sich findet, wo nur die entsprechende zeitanschauung statthat. Auch das regierende tempus wirkt nicht durchaus bestimmend auf die auffassung und anschauung des zeitverhältnisses, wie 686—87 zeigen.

686: Il s' en fuirent pur la chrestientet,
Que il ne voelent ne tenir ne guarder.

2) Unter den praes. log. im nebensatze sind auch 2619 und 2667 aufgeführt; diese beiden stellen sind hieher gezogen, weil sie wirkliche tempora der direkten rede sind, die jedesmal anwendung finden, wenn die worte eines andern erzählend wiedergegeben werden; nur dass die erste person dritte person wird.

2) Das praes. wird in der direkten rede auch ganz gewöhnlich von handlungen gebraucht, die streng genommen in dem augenblicke, wo sie ausgesprochen werden, nicht stattfinden, sondern erst unmittelbar nach ihrer aussage oder in folge derselben in die wirklichkeit treten. Am häufigsten ist dieser gebrauch bei den verbis dicendi. Auch das deutsche, neufrz., lat., wie überhaupt alle sprachen, kennen das praes. in diesem sinne. Doch bedienen wir uns auch der umschreibung „ich will dir sagen" u. a. und neufrz. „je vous dirai." Ausser den verb. dic. stehen in dieser weise vorzüglich noch die zeitwörter des gebens und nehmens, bei denen die entprechende handlung meist erst nach dem gesprochenen worte vor sich zu gehen pflegt.

388: De trestuz reis vus present les-curunes.
591: Ne l' di pur ço des voz n' ait là martiries.

Vgl. ferner: 287. 515. 518. 622. 968. 1058. 1069. 1072.

1177. 1376. 1473. 1478. 1704. 1741. 1937. 2007. 2253. 2438.
2673. 2761. 2815. 2838. 3015. 3059. 3760. 3808. 3831. 3846.

3) Das praes. steht auch zur bezeichnung von handlungen, die sich nur in einem grösseren die gegenwart des sprechenden mitumfassenden zeitraum ereignen, ohne sich gerade in dem augenblicke zu bethätigen, in welchem von ihnen die rede ist: das sententiale praes. Es steht in hauptund nebensätzen ohne unterschied:

315: Mais saives hum i deit faire message.
378: Mult grant mal funt e *cil* duc e cil cunte
A lur seignur, qui tel cunseill li dunent.

Vgl. ferner: 73. 124. 374. 380. 390. 393. 394. 398. 427. 429. 604. 833. 983. 1010. 1012. 1117. 1119. 1362. 1724. 1725. 1792. 1874. 1877. 1878. 1879. 1880. 1881. 1886. 1887. 2096. 2265. 2330. 2414. 2584. 2868. 3009. 3010. 3597. 3657. 3687. 3998.

Theils bezeichnen diese präsentia allgemeine regeln und sentenzen wie 1010. 1012. 1117. 1119. 1362. 1724. 1725. 1877—81. 3009—10. 3657; theils vergleiche allgemeinen inhaltes wie 1874: Si cum li cerfs s' en vait devant les chiens und 427. 1886—87. 2265. 2414. 2868; und endlich mit beziehung auf ein bestimmtes faktum die öftere wiederkehr desselben in 73. 124. 315. 374. 378—80. 390. 393. 394. 398. 429. 604. 833. 983. 1792. 2096. 2330. 2584. 2597. 3687. 3998.

4) Sehr oft wird das praes. zur bezeichnung einer zukünftigen handlung gebraucht, wie denn schon das unter 2) besprochene praes. nach dieser seite hinneigt. In beziehung auf den futuralen gebrauch des praes. ist das altfrz. und speziell das Rolandslied weit über das lateinische hinausgegangen. Diese erscheinung erklärt sich daraus, dass das altfrz. fut. I ursprünglich ein zusammengesetztes tempus war, und sowohl die sprache überhaupt, als besonders die volkssprache zusammengesetzte tempora zu vermeiden sucht. Frei-

lich gestaltete sich späterhin das fut. I äusserlich als einfache zeitform, aber als diese phase der entwickelung eintrat, hatte sich das praes. als futurales tempus bereits festgesetzt und trat seine stellung nicht wieder an das fut. I ab.

a) Es steht das praes. statt eines fut. I regelmässig nach se im vordersatze eines wahren bedingungssatzes, wo bedingung und bedingtes beide in der zukunft liegen. Letzteres, das bedingte, wird in den meisten fällen durch das wirkliche fut. I ausgedrückt oder durch praes. conj. oder praes. imp.; seltener durch das praes. ind., was allerdings auch vorkommt (vgl. unten). Einen vorgang für diesen gebrauch des praes. im bedingungsvordersatze hatte das altfrz. bereits im klassischen latein, wo statt potero und volam nach si, ubi, cum die praes. stehen konnten, wenn der nachsatz imperativ war. (vgl. Schultz: lat. sprachlehre 5. aufl., pag. 413). Und auch sonst findet sich zuweilen das praes. in futuralem sinne nach si wie z. B. Cic. Verr. I. 2.

74. Par vos saveirs se m' puez acorder
Jo vus durrai or e argent asez.

519. Deus, se lui plaist, a bien le vus mercie.

und ferner in 40. 87. 258. 273. 279. 296. 310. 316. 433. 613. 459. 475. 492. 577. 615. 657. 840. 868. 893. 902. 914. 922. 928. 935. 936. 987. 1122. 1134. 1672. 1716. 1720. 1867. 2117. 2118. 2603. 2607. 2618. 2659. 2676. 2682. 2683. 2748. 2801. 2807. 3011. 3025. 3082. 3108. 3169. 3206. 3235. 3288. 3458. 3539. 3757. 3834. 3844. 3897. 3955.

Statt der conjunction se wird zuweilen auch eine andere angewandt, ohne dass eine änderung der construction einträte; so que 431. 471., ù 240. 3790., quant 2305.

Bemerkungen:

1) Dieses futurale praes. vertritt nicht allein das lat. fut. I, sondern auch das fut. exactum. Der lateiner unterscheidet nämlich genau, ob die handlung des bedingenden satzes mit derjenigen des bedingten noch gleichzeitig ist,

oder derselben vorausgeht; im ersteren falle setzt er fut. I, im zweiten das fut. exactum. Das Rolandslied macht diese unterscheidung nicht.

2) Zu v. 431 und 471 ist zu bemerken, dass Gautier que recevez als von dem vorhergehenden iço vus mandet abhängig zu denken scheint. Dem gegenüber ist geltend zu machen, dass die bedeutung von mandet jene erklärung nicht verlangt, da mander im Rolandsliede auch einfach „melden, sagen lassen" bedeutet (vgl. v. 125); ihr steht aber entgegen das fut. I, welches die auffassung des que recevez als bedingungsvordersatz verlangt.

b) Die gleiche construktion, wie die bedingungsvordersätze, haben diejenigen relativen subjects- und objectssätze, deren regierender hauptsatz ein auf die zukunft hinweisendes tempus enthält. Diese relativsätze haben nämlich die geltung eines bedingungsvordersatzes.

1047: Dehet ait qui s' en fuit;

ebenso in 226. 293. 530. 1107. 2062. 2109. 2371. 3340. 3519.

Doch ist diese regel nicht so streng; in zwei fällen steht nämlich das fut. I.

2062: Tut par seit fel qui ne 's vait envaïr
  E recreanz qui les lerrat guarir.
2144: Fel seit qui n' i ferrat.

c) Wie bereits bemerkt, erscheint das verb. des futuralen bedingungsnachsatzes meist im fut. I. Doch begegnet man im Rolandsliede auch hier dem praes. Namentlich und regelmässig ist das der fall, wenn das verb des nachsatzes ein hülfsverb poeir, voleir, deveir u. a. mit einem infinitiv ist. Diesen ausdrücken wohnt an sich eine futurale kraft inne, und sie stehen nicht nur hier, sondern überhaupt selten im fut. (vgl. unten und fut. I.) Das praes. eines einfachen verbums im futuralen bedingungsnachsatze steht in folgenden fällen:

40: S' en volt ostages, e vus l' en enveiez.
316: Si li reis voelt, prez sui pur vus le face.

492: Se de mun cors voeill aquiter la vie,
Dunc li envei mun uncle l' algalife.
577: Mort sunt li cunte, se est qui mei en creit.
986: Se trois Rollant le pruz enmi ma veie,
Se ne l' asaill, dunc ne faz jo que creire.
2118: Se Rollanz vit, nostre guerre novelet.
2305: Quant jo n' ai prud, de vus n' en ai *meins* cure.
2748: Quite li claim, se il la voelt aveir.
3955: S' uns en escapet, morz ies e cunfunduz.

Bemerkungen:

1) Zu envei 493 können zweifel entstehen, ob dasselbe auch wirklich praes. ind. sei und nicht vielmehr das praes. conj., und in der that ist Gautier dieser ansicht, indem er zugleich die correktur enveie macht, obgleich envei auch die form des conjunktivs sein kann. Gegen diese auffassung aber spricht folgendes: die beiden verse 492 f. geben indirekt eine aussage eines andern wieder; in solchem falle bleibt meistens modus und tempus der direkten rede; nur die personen ändern sich. (vgl. 613 ff., 2617 ff., 2667 ff.) Demnach müssten die beiden verse direkt etwa gelautet haben:

Se de vostre cors vulez aquiter la vie,
Dunc vus enveiez vostre uncle l' algalife

und einen entsprechenden vers finden wir in der that in v. 40. Völlig anstosslos wäre die stelle, wenn statt envei das futurum enveierai stände, dem eine modale färbung (pflicht, nothwendigkeit) auch sonst nicht fremd ist. Wenn das praes. aber das futurum überhaupt vertreten kann, so kann es auch die modale bedeutung mit übernehmen. Dazu kommt, dass dunc envei formlich dem dunc ne faz 987 entspricht, über dessen indikativische natur kein zweifel bestehen kann.

2) in 40 vertritt enveiez das imperativische fut. I.

3) in 577 und 3955 stehen mort sunt und morz ies mit besonderer emphase zur bezeichnung der gewissheit des eintreffens einer handlung, wie im lateinischen in dieser weise

zuweilen das fut. exact. gebraucht wird und im Rolandsliede auch sonst das praes. in nicht condizionalen sätzen.

4) in 316 und 2748 ist die handlung jedoch eine solche, zu der der redende schon gegenwärtig, auch ohne die erfüllung der bedingung bereit ist, so dass sie ideell also schon besteht und nur der erfüllung der bedingung bedarf, um in die concrete erscheinung zu treten.

Hier verweisen wir auf verwandte fälle, wo das praes. gleichfalls im nachsatze zum futuralen bedingungsvordersatze steht, inhaltlich aber als eigentliches praes. aufzufassen ist:

914: Se trois Rollant, de mort li duins fiance

und ähnlich in 227. 622. 1673. 3004. 3011. 3749.

In allen diesen fällen steht das praes. des nachsatzes ausserhalb der construction; der eigentliche bedingungsnachsatz ist zu ergänzen. Für 914 etwa so:

Se trois Rollant, il murrat; de ço li duins fiance.

5) Ist das verbum des bedingungsnachsatzes ein hülfsverbum poeir, voleir, deveir mit einem infinitiv, so steht niemals das fut. I.

258: Se li reis voelt, jo i puis aler bien

und ebenso 293. 432. 1122. 2659. 3288. 3289. 3834. 3836.

d) Analog der construction des bedingungssatzes steht das praes. zur bezeichnung einer futuralen handlung nach tant cum = quamdiu in

544: Ço n' iert, dist Guenes, tant cum vivet ses nies

und in derselben weise in 557. —

e) Dass das praes. gerade im bedingungsvordersatze das tempus der zukunft wurde, ward wesentlich dadurch gefördert, dass im hauptsatze das fut. I oder ein futuraler modus stand und dieser daher dem praes. vor jeder unklarheit und zweideutigkeit schutz gewährte. Auch im lateinischen wird in analoger weise das periphrastische fut. conj. stets durch das praes. conj. ersetzt, wenn dessen bedeutung durch ein regierendes fut. sicher gestellt ist.

Dieses gesetz, wonach ein regierendes futurum einem untergeordneten praes. futurale bedeutung verleihen kann, hat im Rolandsliede auch über die grenzen des bedingungssatzes hinaus anwendung gefunden. Besonders beliebt ist das praes. anstatt eines futurums im anschlusse an einen vorhergehenden, meistens sogar im selben verse stehenden imperativ, den es begründet, erklärt und dgl.

786: Retenez les, ço est vostre salvemenz.

866: Dunez m' un fieu, ço est li colps de Rollant und ähnlich in 1104. 2426. 2454. 2456. 3344. 3472. 3593.

In ähnlicher weise steht das praes. begründend, ausführend und dgl. im anschlusse an ein fut. I

3284: L' une iert de Turcs e l' altre d' Ormaleis,
E la tierce est des Jainz de Malpreis.

269: E jo irai al Sarazin Espan
Si 'n vois vedeir alques de sun semblant
und ähnlich in 1458. 1479. 1735. 1881. 1923. 2107. 3515.

Besonders aufmerksam machen wir auf folgende stellen, die ebenfalls hiehergehören:

532: Tant ne l' vus sai ne preiser ne loer
Que plus n' i ad d'onur e de bontet
wo sai preiser der futurale ausdruck ist (vgl. unten). Gautier übersetzt den vers 533 falsch, indem er que = weil nimmt, während es bezüglich auf tant = so dass ist.

605: La traïsun me jurrez de Rollant si illi est.

Dies ist die tradition des Oxforder textes, an der manche herausgeber, besonders Müller, anstoss genommen und conjecturen gemacht haben. Wir erklären und übersetzen die stelle also: schwört mir den verrath, ob (dass) er (Roland) nämlich dort sein wird.

146: En quel mesure en purrai estre fiz?
Ço est par ostages, ço dist li Sarrazins.

Diese lesart hat M.[2], korrigirt aber im anhang est in ert, während die handschrift voet hat. Wenn voet auch nach

M.'s scharfsinniger und wahrscheinlicher vermuthung verderbt ist, so war die änderung von est in ert nach obiger regel nicht nothwendig. Im übrigen haben wir uns an voet zu halten und dieses würde unter die causativen praesentia zu rechnen sein. (vgl. unten.)

Wie in den vorhergehenden beispielen das praes. seine futurale bedeutung durch beziehung auf ein wirkliches futurum erhielt, gewinnt es dieselbe durch die stellung in der frage in

3948: Que me locz de cels qu' ai retenuz?

Diese frageform mit dem futuralen praes. ist im neufrz. und im deutschen sehr gebräuchlich. Im Rolandsliede findet sich nur das angeführte beispiel.

Mehrfach steht das praes. mit futuraler bedeutung auch absolut, d. h. ohne anlehnung an ein futurales tempus, so in:

1735: Hoi nus defalt la leial cumpaignie.

2107: Rollanz mis nies hoi cest jur nus defalt.

Die bedeutung ist durch hoi sicher gestellt, das in verbindung mit einem praes. auf einen noch künftigen zeitpunkt des heutigen tages hinweist. Ferner steht das fut. praes. absolut in

1517: Pur itels colps nus ad Charles plus chiers,

ebenso in den analogen versen 1092. 1377.

Das praes. kann in diesen sätzen nur auf die zukunft bezogen werden, da der kaiser, der bei dem kampfe nicht zugegen, noch erst von der tapferkeit seiner helden hören muss, deretwegen er sie mehr lieben soll.

Mit emphase steht das praes. statt eines futurums, ähnlich wie 577. und 3955 im bedingungsnachsatze, 3513 von einer handlung, deren unzweifelhaftes eintreten durch das praes., gleichsam als wenn sie bereits vor sich ginge, versinnlicht wird. Das lat., neufrz., deutsche, wie wohl alle sprachen, kennen das praes. in diesem sinne. Vielleicht ist es nicht zufällig, dass in allen drei fällen das praes. desselben verbums so gebraucht wird 577 mort sunt, 3513 morz estes, 3955 morz ies.

Lebhaft, doch im anschluss an vorhergehendes und folgendes futurum, schildert das praes. eine in der zukunft als voraussichtlich eintretend angenommene handlung gegenwärtig in 587 ff. Die praes. erklären, begründen aber nicht, stehen überhaupt nicht, wie oben, in einem subordinirten, sondern vollständig coordinirten verhältnisse zu den futuren.

g) Einen ausgedehnten gebrauch gewinnt das praes. in fut. bedeutung bei den modalen hülfsverben, deren auftreten im bedingungsnachsatze bereits berührt ist. Doch auch sonst stehen dieselben zur bezeichnung eines futuralen gedankens fast nur im praes.; es bezeichnet nämlich die verbindung dieser modalen hülfsverben mit infinitiven schon an sich eine futurale anschauung. Jedoch tritt der futurale charakter nicht überall mit gleicher bestimmtheit ins auge, so dass oft schwer zu entscheiden ist, ob der ausdruck fut. oder praesential zu nehmen ist. Im grossen und ganzen wird man bei der beurtheilung den gesichtspunkt massgebend sein lassen müssen, ob der nachdruck mehr auf dem hülfsverbum allein ruht oder auf dem begriffe der verbindung als ein ganzes. Im ersten falle wird der ausdruck meist praesential, in letzterem meist futural zu nehmen sein. Im folgenden geben wir eine möglichst genaue tabelle der praes. der modalen hülfsverben, geordnet nach der bedeutung:

α) Die verbindung des praes. der verben deveir, voleir, poeir mit einem infinitiv hat praesentiale bedeutung in 315. 338. 393. 429. 537. 687. 834. 1010. 1012. 1027. 1117. 1119. 1362. 1538. 1548. 1877. 1879. 1881. 2265. 2412. 2868. 3009.

Der inhalt ist bald ein allgemeiner, sentenzenartiger, bald bezieht er sich auf ein bestimmtes vorliegendes factum.

β) In den weitaus meisten fällen bezeichnen jene verbindungen eine zukünftige handlung; sie stehen entweder im nachsatze eines futuralen bedingungssatzes oder sonst an stellen, wo wir ein einfaches verbum meist im fut. I finden.

Deveir mit dem infinitiv mit bezug auf die zukunft in 36. 135. 142. 681. 753. 801. 807. 1009. 1128. 1179. 1240. 1701. 1718. 1866. 2179. 2350. 2562. 2659. 3168. 3289. 3359. 3400. 3519. 3596. 3826.

Poeir mit dem infinitiv mit bezug auf die zukunft in 60. 254. 258. 278. 290. 293. 565. 566. 1104. 1122. 1238. 1458. 1466. 1683. 1864. 2426. 2456. 2836.

Voleir mit dem infinitiv mit bezug auf die zukunft in 127. 182. 330. 432. 522. 536. 651. 1091. 1646. 2180. 2336. 2738. 3283. 3593. 3836. 3907. 3909. 3980.

Die drei verben ohne infinitiv im bedingungsvordersatze nach se und relativ 40. 87. 258. 316. 615. 2801.

Die drei verben mit infinitiv im bedingungsvordersatze 74. 241. 433. 475. 492. 868. 1672. 1720. 2109. 2748. 3206. 3271. 3340. 3834.

Absolut und nicht im bedingungsvordersatze, aber doch im nebensatze steht futural puez in 1175.

Den obigen hülfsverben analog stehen futural die ausdrücke in 270 vois vedeir, 292 und 300 aler estoet, 1923 avuns à vivre.

Sehr selten erscheinen diese modalen hülfsverba im wirklichen fut. I. und zwar das futur von voleir 76. 155. 2621., poeir 34. 134. 156. 334. 581. 973. 1007. 1698. 1744. 2734. Deveir begegnet nirgend im fut. I. Zu bemerken ist, dass in allen fällen eine weiter in der zukunft liegende handlung bezeichnet wird; ferner dass mit ausnahme von 76 die futura sämmtlich mit infinitiven stehen und zwar entweder im anschluss an ein anderes futur oder in der direkten frage, ausschliesslich 1007, wozu 565 f. vergleiche, wo in ähnlicher stellung das praes. puis mit dem infinitiv steht.

5) Das praes. der direkten rede wird zuweilen, aber nur in ganz bestimmten fällen, von handlungen gebraucht, die be-

reits vergangen sind, aber entweder in der gegenwart durch vermittelung eines andern sich wiederholen oder, weil eben erst vollzogen noch in die gegenwart zu reichen scheinen.

Die praes. der ersten klasse könnte man füglich causative praes. nennen, da sie meistentheils durch „lassen" mit dem infinitiv des bezüglichen verbums wiedergegeben werden können. In dieser weise stehen vorzugsweise die verba dicendi:

125: Iço vus mandet reis Marsilies li bers.
136: La vus suirat, ço dit mis avoez;
ähnlich 147. 153. 187. 222. 421. 430. 461. 470. 483. 488. 2727. 2786. 2787.

Die zweite klasse der praes., eine eben vollzogene handlung bezeichnend, steht zumeist in der antwort auf gehörtes oder gesehenes:

313: Orguill oi e folage.
469: A tort vus curuciez.
760: Veir dites, jo l' sai bien.
2000: Sire cumpain, faites le vus de gred?
und ferner in 239. 282. 307. 319. 374. 636. 1876. 2003. 2487. 2685. 2714. 2754. 3135. 3414. 3611. 3713 und im nebensatze

251: Alez sedeir quant nuls ne vus sumunt.

(Vgl. dazu 273, der, obgleich ähnlich gebaut, grammatisch durchaus verschieden ist.)

Auch gehören hieher die schon bei der ersten klasse aufgeführten verse 187. 222. 488.

Vereinzelt, von einer schon vor längerer zeit geschehenen handlung, steht das praes. statt eines perf. II in 2927

2926: Qui guierat mes hoz à tel poeste,
    Quant cil est *morz*, qui tuz les jurz nus cadelet?

Es scheint das praes. durch tuz jurz veranlasst zu sein. —
Wir kommen nunmehr zum

II. Praesens der historischen rede.

Wie im lat. und neufrz. wird im Rolandsliede das praes. gebraucht in der erzählung vergangener thatsachen und zustände, welche entweder gleichzeitig oder nach einander stattfinden: praes. historicum.

Im lat. findet das praes. hist. seine anwendung zumeist in hauptsätzen, weniger, wenngleich auch nicht selten, in nebensätzen. In letzterer beziehung jedoch ist dum mit dem praes. hist. regel geworden.

Im Rolandsliede liegen die verhältnisse ein wenig anders. Hier ist das praes. hist. das die erzählung eigentlich beherrschende tempus; vergleichen wir die homerischen gedichte, ferner Virgils Aeneis und unsere deutschen Nibelungen und Kudrun, so finden wir das gerade umgekehrte verhältniss: ein vorwiegen des aorist, bez. perf. hist. und praeteritums, hingegen nur ein vereinzeltes auftreten des praes. hist., von den prosaischen schriftstellern ganz zu geschweigen. Im Rolandsliede wird die vergangenheit geradezu als gegenwart eingeführt — hist. gegenwart können wir sie nennen — und das praes. hist. tritt mit allen rechten eines praes. log. auf. Daher erscheint das praes. hist. im hauptsatze so gut, wie im nebensatze, zur schilderung und beschreibung von zuständen und dingen, wie zur erzählung historischer thatsachen und begebenheiten.

Eine vollständige tabelle der vorkommenden praes. hist. zu geben, würde zu viel raum einnehmen. Wir begnügen uns, zu bemerken, dass sich das praes. hist. in ungefähr 1500 versen findet, eine zahl, welche das vorwiegen desselben genugsam veranschaulicht, wenn man bedenkt, dass das 4002 verse umfassende Rolandslied zu einem drittel direkte rede ist und dass von den andern historischen temporibus das perf. I. sich nur gegen 400 mal vorfindet, von denen noch ein gut theil auf ganz formelhafte ausdrücke fällt wie dist (gegen 150 mal) und dass das perf. II. hist. an 220 mal begegnet, abgesehen davon, dass letzteres ein praesentiales tempus ist.

1) Das praes. hist. steht in laufender erzählung zur bezeichnung vergangener handlungen, die gleichzeitig oder nach einander stattfanden, in hauptsätzen: vgl. 4. 7. 8. 9. 12. 14. 22. 91. 93. 96. 99. 103. 109 etc.; längere schilderungen im praes. hist. sind regelmässig die kampfscenen 1197 ff. 1224. 1245. 1261. 1269. 1289. 1297. 1304. 1313. 1325. 1353. 1370. 1381. 1493. 1560. 1567. 1574. 1600. 1890. 1944. 2287. 3354. 3360. 3424. 3464. 3567. 3581. 3603. 3615. 3915. 3926 ff.; längere schilderungen im praes. hist. ferner 2124—29. 2246—51. 2397—2402. 2460—75. 2476—81. 2533—53 und viele andere beispiele.

Als besondere eigenthümlichkeiten, die jedoch mehr rhetorischer als syntaktischer natur, sind hier zu merken:

a) Das praes. hist. steht regelmässig von den verb. dicendi zur einleitung einer direkten rede. Namentlich stehen dient und respunt; vgl. 14. 61. 77. 156. 192. 219. 243. 246. 248. 254. 259. 271. 277. 293. 313. 317. 334. 350. 357. 358. 375. 381. 396. 424. 450. 467. 469. 518 etc.

Im singular steht aber statt dit meist dist; dit nur in 327. 787. 1205. 1252. 1489. 1713. 1758. 1948. 2114. 2207. 2698. 3496 und zwar meistens in der formel ço dit. Oefter erscheint statt dit das perf. II in der wendung li ad dit (vgl. perf. II.) Statt respunt kommt in dieser stellung das perf. I nur zweimal vor 632 und 1759; 632 wohl nur des reimes wegen.

b) Wie hier vor directer rede, erscheint das praes. auch nach direkter rede, um eine handlung zu bezeichnen, welche sich unmittelbar anschliesst und als eine folge der gesprochenen worte betrachtet werden muss: 22. 130. 263. 331. 365. 462. 510. 601. 700. 773. 782. 792. 802. 809. 974. 990 etc.

c) Das praes. hist. erscheint auch mit vorliebe im anschluss oder vielmehr im gegensatze zu perf. II. hist., vorzüglich aber perf. I hist., um die durch diese bezeichneten zustände und handlungen zusammenzufassen, überhaupt der darstellung einen prägnanten abschluss zu geben. So in 111. 117. 179. 411. 675. 729. 733. 2081. 2162. 2396. 2460. 2507.

2) Das historische praes. steht auch in relativsätzen zur bezeichnung vergangener handlungen und zustände, die mit dem hist. tempus des hauptsatzes gleichzeitig sind.

5: Murs ne citet n' i est remés à fraindre
Fors Sarraguce, qui est en une muntaigne,
Li reis Marsilies la tient, qui Deu nen aimet;
ferner 116. 119. 194. 350 und oft.

3) Das praes. hist. steht ebenso in substantivsätzen mit que zur bezeichnung einer vergangenen handlung, die mit dem hist. tempus des regierenden satzes gleichzeitig ist: 324. 734. 983. 1587. 1846. 1956. 2010. 2259. 2284. 2355. 2366. 2477. 2877 und öfter.

4) Nicht minder erscheint das praes. hist. in folgesätzen, indirecten fragesätzen: 723. 1035. 1273. 1299. 1302. 1318. 1579. 1588. 1590. 2553. 2567 u. a.

In allen diesen nebensätzen steht das praes. hist. meist nur dann, wenn der hauptsatz ein praesentiales tempus enthält. Seltener erscheint es, wenn das regierende tempus ein perf. I ist, wie im relativsatze:

94: Vindrent à Charles qui France ad en baillie
und in 504. 2872. 3871 ebenso; in folgesätzen tritt es schon häufiger auf nach perf. I, wie

405: Tant chevalchierent e veies e chemins
Qu' en Sarraguce descendent suz un if,
und ähnlich in 1829. 2689. 2842. 2882. 3697. 3923.

3743. steht ein praes. hist. im conjunctionalsatze mit que sogar nach einem praes. log.

3742: Il est escrit en l'anciene geste
Que Carles mandet humes de plusurs terres.

5) Das praes. hist. steht ferner nach den zeitconjunktionen quant, puisque, cum = lat. quam mit imperf. conj. zur bezeichnung von wirklicher oder gedachter gleichzeitigkeit der handlung des nebensatzes mit der des hauptsatzes. Das tempus des letztern kann sowohl perf. I, wie praes. hist. und perf. II hist. sein.

a) praes. hist. nach quant; im hauptsatze praes. hist.
324: Quant ço veit Guenes qu' ore s' en rit Rollanz,
Dunc ad tel doel. . .
ferner 745. 1110. 1467. 2124. 2447. 2481. 2636. 2975. 3452. 3612. 3644. 3698. 3815. 3858;

b) praes. hist. nach quant; im hauptsatze perf. II hist.
601: Quant l' ot Marsilies, si l' ad baisiet el col;
ferner 667. 2476. 2845. 3728. 3850;

c.) praes. hist. nach quant; im hauptsatze perf. I hist.
142: Quant se redrecet, mult par out fier lu vis;
ebenso in 323. 761. 818. 1196. 1437. 1932. 2083. 2216. 2342. 2827. 2870. 3006. 3780.

6) Das praes. hist. bezeichnet auch, ähnlich wie das entsprechende praes. log., handlungen, deren bethätigung nicht gerade in den gedachten historischen moment fällt, sondern innerhalb eines grösseren zeitraums der historischen gegenwart als regelmässig und öfters vor sich gehend zu denken ist.

141: Sa custume est, qu' il parolet à leisir
und ähnlich in 8. 977 ff. 1485. 1886—87. 2502. 2510—11. 3032. 3251. 3782. 3784. 3840.

7) Auch das praes. hist. steht, wie das praes. log., zuweilen in futuralem sinne; zunächst im futuralen bedingungsvordersatze, der in historischer rede gerade so construirt wird, wie in direkter rede.

3004: S' il troevent *l'host* bataille cuident rendre,
und ähnlich in 3025. Was den nachsatz in 3004 anbelangt, so ist das praes. hist. desselben analog dem oben besprochenen praes. log. des verses 226 etc. in bedingungsnachsätzen.

In anlehnung an ein fut. I steht das praes. hist. von einer zukünftigen handlung in 1405: De ço cui calt? N' en avrunt sucurance und ähnlich 1840.

8) Eine ausnahmestellung nehmen auch hier wieder die hülfsverba in verbindung mit einem infinitiv ein; in der historischen rede erscheinen sie zur bezeichnung eines futuralen begriffs nur im praes. hist.

Poeir mit inf. mit bezug auf die zukunft 2034: Quel part qu' il alt, ne poet mie chaïr, ferner 9. 95. 1641. 3578. 3587. 3913. 3914.

Voleir: 167. 918. 2226. 2639. 3666.

Deveir: 1346. 2509.

In den übrigen fällen haben sie historisch-praesentiale bedeutung: 440. 773. 825. 841. 959. 980. 1034. 1495. 1599. 1600. 1625. 1683. 1973. 1992. 2069. 2193. 2509. 2381. 2493. 2511. 2517. 2873. 3063. 3167. 3293. 3522.

Absolut stets praesential: 2203. 2298. 2361. 2523. 3625. 3631. 3674.

Das perfectum compositum (perf. II).

Das perf. II ist ein zusammengesetztes tempus und zwar setzt es sich zusammen aus dem participium praeteritum und dem praes. von aveir oder estre. Demnach ist das perf. II seinem ursprung und wesen nach ein durchaus präsentiales tempus, und diese grundbedeutung bestimmt seinen gebrauch in jeder beziehung. Das perf. II wird in zwiefacher hinsicht gebraucht: 1) zur bezeichnung einer vor der wirklichen (logischen) oder gedachten (historischen) gegenwart liegenden, aber noch in irgend einer beziehung dazu stehenden handlung, 2) in der historischen rede zur erzählung von handlungen der historischen gegenwart, wo es alsdann eine dem praes. hist. gleiche zeitstufe bezeichnet.

I. A. Perfectum II log. der direkten rede.

1) Das perf. II steht in der directen rede zur bezeichnung einer vergangenen handlung, welche mit der gegenwart noch in einer wirklichen oder gewollten beziehung steht. Demnach findet sich das perf. II besonders

a) zum ausdruck vergangener handlungen mit besonderer rücksicht auf den durch sie geschaffenen gegenwärtigen zustand.

235: Li reis Marsilies est de guerre vencuz,
Vus li avez tuz les castels toluz,
Od vos caables avez fruissiet ses murs,
Les citez arses e ses humes vencuz;
ferner 838—39. 2755 ff. 2796—2800. 3318. 3927.

Oefters wird dieser gegenwärtige zustand direkt durch ein beigefügtes praes. bezeichnet und das perf. II log. ist alsdann nur eine umschreibung des praes. log.

523: Il est mult vielz, si ad sun tens uset.

2719: Li destre puign ad perdut, n' en ad mie.

In ähnlicher weise in 2407. 2769. 3775. 2935. 2098;

b) ferner zur bezeichnung von handlungen, die sich durch eine längere zeit der vergangenheit wiederholt oder fortwährend ereigneten, bis hinab zur gegenwart.

267: En cest païs avez estet set anz,
Mult unt oüd e peines e ahans.

Vgl. weiterhin 351. 1464—65. 1458—59. 2028. 2306 — 7. 2310. 2371. 2736. 3336. 3374. 3825; ferner 524—27. 540—42. 553 ff. 863 ff., wo das perf. II ausserdem durch das demonstrativ tant und den folgenden futuralen fragesatz, der logisch als folgesatz gilt, beeinflusst wird (vgl. unten bei c); endlich 143. 232. 243. 496. 776. 3837 von verb. dicendi in der antwort mit bezug auf eben gehörte worte und ähnlich avez pris 1948 mit bezug auf eine eben geschehene handlung.

Vorzugsweise steht auch das perf. II mit beziehung und

in verbindung mit praesentialen und futuralen sätzen, praesentialen und futuralen adverbien und ausdrücken, welche die vergangene handlung mit der gegenwart verbinden und so das perf. II veranlassen.

c) Zunächst steht so das perf. II mit vorliebe, wenn es das subjekt und objekt eines praesentialen und futuralen verbums bestimmt:

210: Faites la guerre, cum vus l' avez emprise.

780: Dunez li l' arc que vus avez tendut,
ferner 145. 1066. 1960. 2948. 3843. 3948. 3932.

In 3202: Jo vus otri quanque m' avez ci quis ist der nebensatz mit dem perf. II selber objekt zu dem praes. log.

d) Weiterhin wird das perf. II vorzugsweise gebraucht mit beziehung auf ein vorhergehendes oder folgendes praes. oder fut., wenn es dasselbe erklärt, begründet, ausführt und dgl.

Begründend etc. zu einem praes. log.

327:       Jo ne vus aim nient,
      Sur mei avez turnet fals jugement.

753:       Mult vus dei aveir chier,
      La rereguarde avez sur mei jugiet.

3171: Carles est folz que ne s' en est alez,
und in gleicher weise in 17. 1024. 1192. 778. 937. 1566. 1590. 1712. 1792. 1951. 2700. 3191. 3336.

In demselben verhältniss steht es zu vorhergehendem perf. II log.

2147: Cum pesmes jurz nus est hoi ajurnez,
      Perdut avum noz seignurs e noz pers.

Ebenso 2600 und 3498 f.!

Begründend etc. zu vorhergehendem imperative in

1819: Bien le me guarde, si cume tel felun
      De ma maisniée ad faite traïsun.

In analoger weise ferner in 507. 1820. 2132. 2431. 2455. 2675. 3368. 3397. 3591.

Wir ordnen hieher auch die zwei stellen, wo das perf. II im substantivsatz nach praes. log. steht:

1146: Mult bien le saivez
Que Guenelun nus ad tuz espiez,
Pris en ad or e aveir e derniers.

3825: Ja savez vus que mult vus ai servit.

(Vgl. dazu 1386 und 1538, wo nach den praes. log. sai und pocz saveir perf. I steht, unter perf. I).

c) Aehnlich erscheint das perf. II in beziehung zu einem praes. oder futurum, wo diese eine handlung bezeichnen, die als folge der im perf. II ausgedrückten thätigkeit erscheint, oder in einem ähnlichen abhängigkeitsverhältnisse steht.

Ein direktes folgeverhältniss besteht in

497: Tant vus ad dit, nen est dreiz que plus vivet.

535: De tel barnage l' ad Deus enluminet,
Micilz voelt murir que guerpir sun barnet.

Vgl. ausserdem 513. 524—27. 540—42. 553—55. 863—64. 1150. 1464—65. 1950. 2005. 3979.

Nicht immer ist das folgeverhältniss, wie hier, durch tant... (que) ausgedrückt; es ergibt sich vielmehr aus dem sinne, ohne dass die construction darunter leidet:

35: En ceste terre ad asez hosteïet,
En France ad Ais s'en deit bien repairier.

Ferner: 126. 134. 283. 497. 513. 699. 2660. 3374. 3407. 3408. 3492. 3510. 3830. 3931.

In 3510 (die handschrift ist hier verderbt, es hat aber unzweifelhaft perf. II gestanden) ist im folgenden ein ähnlicher imperativ zu ergänzen, wie etwa 3374; das perf. II begründet, warum die folgende frage überhaupt gestellt wird.

Das verhältniss des praes. oder fut. braucht nicht immer das der folge zu sein; so wird das perf. II namentlich von den verb. dicendi und sentiendi gebraucht, wenn im folgenden der inhalt dessen angegeben wird, was man gehört, gesehen etc. hat.

2759: Jo ai cunté n' ad mais que VII liuées;

oder der inhalt ist durch einen nebensatz ausgedrückt wie in

309: Si as jugiet qu' à Marsiliun alge.

Vgl. ferner 143. 181. 282. 776. 1085. 1259 (folgt die widerlegung des inhaltes) 3132.

Zuweilen genügt auch der blosse anschluss einer futuralen handlung wie

1457: Guenes li fels ad nostre mort jurée.
La traïsun ne poet estre celée;

und ähnlich in 984. 1908. 2053. 2310.

f) Endlich steht das perf. II gewöhnlich nach adverbien und adverbialen ausdrücken, welche eine handlung nach irgend einer seite, ob schlecht oder gut, beurtheilen, dadurch also ihre bedeutung für die gegenwart hervorheben. Als solche adverbien finden sich vorzugsweise: asez, bien, mal, ferner die demonstrative partikel tant, das praesentiale zeitadverbium hoi u. a. Mehre von den stellen, die wir hier anführen, haben auch oben bereits ihre erwähnung gefunden, wie sich denn nicht immer mit apodiktischer gewissheit behaupten lässt, aus diesem oder jenem grunde stehe dieses oder jenes tempus, sondern man vielfach nur die verhältnisse aufzählen kann, unter denen die einzelnen tempora mit vorliebe zu erscheinen pflegen. In oben bezeichneter weise stehen mit dem perf. II

asez in 35. 134. 2785. 2796.

bien oder mult bien 143. 232. 243. 699. 776.

or bien 3837, mult 351, mal 453.

tant, tel und dgl. 524. 540. 553. 863. 1566. 1590. 2306. 2333. 2800. 2824. 3336. 3374. 3407. 3979.

ci, ço und ähnl. 145. 233. 283. 1858. 3202.

hoi 2147. 2598. 3497.

g) Mehr aus rhetorischen gründen, als aus innerer nothwendigkeit steht das perf. II in abwechselung mit einem perf. I, doch selten, nämlich an nur zwei stellen:

198: Jo vus cunquis e Noples e Commibles,
Pris ai Valterne e la terre de Pine;
und 2333, wo cunquis ai in ähnlicher weise als schlussverb mehrer voraufgehenden perf. I cunquis steht, um die aufzählung mit einem gewissen nachdruck zu schliessen; vgl. die analoge stelle 3756.

2) Vereinzelt steht das perf. II im futuralen bedingungsnachsatze statt eines fut. I in der bedeutung, in welcher wir bereits das praes. log. kennen gelernt haben, um nämlich mit emphase die sicherheit des eintreffens einer zukünftigen handlung hervorzuheben, in

2118: Se Rollanz vit, nostre guerre novelet,
Perdud avuns Espaigne nostre terre.

I. B. Das perf. II. log. in historischer rede.

In der historischen rede steht zur bezeichnung einer vor der historischen gegenwart liegenden, aber mit derselben noch in irgend einem wirklichen oder gedachten zusammenhange stehenden handlung das perf. II. Der gebrauch ist also dem des perf. II der direkten rede ganz analog; wir können daher die behandlung einfach an die des perf. II der direkten rede anschliessen und uns kürzer fassen. Der zusammenhang mit der historischen gegenwart, den das perf. II. erfordert, findet auf dieselbe weise, wie oben, seinen ausdruck.

a) Das perf. II steht lediglich mit bezug auf einen in der hist. gegenwart bestehenden, durch die handlung des perf. II verursachten zustand.

5: Murs ne citet n' i est remés à fraindre.

3239: De Val Fuit sunt venut en travers.

Ferner 663. 703. 704. 1991. 2038. 2041. 2506. 3122. 3144. 3229. 3649. 3660.

Das perf. II steht

b) von einer bis zur gegenwart hinabreichenden handlung der vergangenheit:

3: Set anz tuz pleins ad ested en Espaigne

und ebenso 2610;

c) in sätzen, die als bestimmung des subjekts oder objekts zu einem hist.-praes. tempus des hauptsatzes gelten.

1683: Cels qu' il unt mort bien les poet hum preisier; ferner 1368. 2516. 3748;

d) wenn es den grund zu einer handlung oder einem zustande der hist. gegenwart bezeichnet:

97: Li empereres se fait e balz e liez.
Cordres ad prise e les murz peceiez.

823: Sur tuz les altres est Carles anguissus,
As porz d'Espaigne ad laissiet sun nevuld;

und weiter in 844—45. 1806. 1913. 2167. 2229. 2952. 3332.

Hier sei auch aufgeführt der gebrauch des perf. II im substantivsatze nach praes. hist.,

2297: Ço sent Rollanz la véue ad perdue

und ebenso, jedoch mit que, 3728. 3815;

e) wenn ein praes. hist. folgt, dessen handlung als die folge der thätigkeit das perf. II erscheint in 1587. 1991. 3962—63.

f) mit den praesentiale bedeutung veranlassenden adverbien bien 1587, tant 1368. 1991.

g) Als neu begegnen wir hier dem gebrauch des perf. II nach den zeitconjunctionen puisque, quant, cum; puisque entstammt und entspricht dem lat. postquam, cum dem lat. cum; quant von quando ist der bedeutung nach und syntaktisch gleich cum. Der gebrauch dieser conjunctionen rücksichtlich des tempus ist im lateinischen ein ganz verschiedener von dem, der uns im Rolandsliede entgegen tritt. Postquam steht im lat. zur bezeichnung einer vorvergangenen einmaligen handlung stets mit dem perf. hist., dem entsprechend sollte puisque mit perf. I stehen. Cum hat in der bedeutung von postquam nachdem das plusq. conj. Cum hat sich indessen dem indikativischen gebrauche von quant angeschlossen und regiert, wie dieses, auch andere tempora.

Puisque, cum, quant = lat. postquam, cum = nachdem stehen im Rolandsliede ohne rücksicht auf das haupttempus in der historischen rede mit dem perf. II.

896: Puis que il est sur sun cheval muntez,
Mult se fait fiers de ses armes porter.
So puisque noch in 2665. 3858.

3975: Quant l' empereres ad faite sa venjance
Si 'n apelat les esvesques de France;
quant ebenso in 3934. 3988.

3110: Cum ad oret si s' drecet en estant;
cum ebenso in 1994.

So weit im hauptsatze ein praes. hist. oder perf. II steht, was freilich mit einer ausnahme stets der fall ist, kann man in diesem gebrauche des perf. II nach obigen conjunctionen nichts auffälliges oder eigenthümliches erblicken, da auch wir unser „nachdem" in verbindung mit einem praes. hist. mit dem perf. gebrauchen und das lat. in gleichem falle nach postquam sogar praes. hist. setzen kann. Indessen steht 3975 quant mit perf. II in verbindung mit einem perf. I des hauptsatzes, so dass sich wohl der schluss ziehen lässt, dass ähnlich, wie postquam stets mit dem perf. hist., puisque cum, quant in demselben sinne stets mit dem perf. II verbunden werden. Dieselben conjunctionen mit praes. hist. und perf. I, jedoch alsdann in anderer bedeutung, siehe unter diesen temporibus.

II. Das perf. II historicum.

Das perf. II wird als erzählendes tempus gebraucht zur darstellung einer vergangenen handlung in der historischen gegenwart. Es ist zeitlich also gleichbedeutend mit dem praes. hist., jedoch im allgemeinen· mit dem unterschiede, dass das perf. II der handlung einen grösseren nachdruck verleiht, ein unterschied also, der wesentlich rhetorischer natur ist. Dieser seiner bedeutung gemäss liebt das perf. II hist. zu stehen:

1) Zu anfang einer neuen episode, eines neuen abschnittes der erzählung, oder innerhalb eines berichtes an einem orte, wo der vorhergehende gedanke gewissermassen als abgeschlossen betrachtet und mit einem neuen eingesetzt wird. Diese einleitende stellung ist meistens noch besonders dadurch markirt, dass die erzählung sofort sich wieder mit dem praes. hist. anschliesst und weiterführt. In dieser weise steht das perf. II

a) sehr häufig zu anfang einer tirade, besonders bei verben der bewegung; vgl. 11. 264. 468. 501. 774. 792. 826. 860. 1028. 1152. 1367. 1438. 1753. 1796. 1869. 2037. 2376. 2479. 2488. 2496. 2592. 2647. 2665. 2765. 2810. 2846. 2874. 2951. 3045. 3052. 3060. 3068. 3076. 3347. 3520. 3650. 3705. 3723. 3734. 3793. 3838. 3851. 3859. 3935. 3960. 3990.

Bemerkungen:

1) Meistens steht nur ein perf. II in dieser weise einleitend; zwei seltener wie 1367 ff. 1438 f. 2810 f.

2) Das perf. II steht nicht immer unmittelbar zu anfang der tirade, indem es mehrfach noch andere verba und tempora vor sich hat; alsdann haben diese entweder das verhältniss eines vordersatzes, oder wenn sie absolut stehen, das einer einleitenden, orientirenden vorbemerkung, meist schilderung, während das perf. II stets die erste handlung bezeichnet. Letzteres ist der fall in 11. 1595. 2357. 2376. 2526. 2874. 3347. 3650; ersteres in 2037. 2479. 2625. 3851. 3859. 3935. 3990.

3) In einer besonders bemerkenswerthen weise steht das perf. dort, wo es den inhalt oder einen theil des inhalts der vorhergehenden tirade rekapitulirt und so an die spitze der folgenden tirade stellt. Das perf. II erscheint hier als reines bindeglied zwischen den bezüglichen tiraden. Dies ist der fall 860. 1028. 1438 f. 3705. 3723. 3734. 3990. Mit aus-

nahme von 1438—39 sind es sämmtlich verba der bewegung und auch diese mehrmals in wiederholung.

4) Das perf. II steht als einleitung einer neuen episode nur von der ersten handlung, niemals zur bezeichnung eines zustandes; einen direkten beleg dafür dürften liefern die verse 3047. 3052. 3060. 3068. 3072 mit perf. II im vergleiche mit 3026. 3035. 3084, wo das praes. hist. im anfang der tirade steht. Sämmtliche stellen sind analog, indem jede im beginn der neuen tirade den bericht über die aufstellung einer neuen schlachtreihe einleitet. In den ersten versen geschieht dies durch ad faite, establie, verben, welche eine handlung ausdrücken, in letzteren durch ad, sunt, verben, welche mehr einen zustand oder passiven inhalt bezeichnen.

b) In ähnlicher weise steht das perf. II auch innerhalb einer episode, wenn der vorhergehende gedanke in gewissem sinne abschliesst; der neue setzt alsdann oft mit perf. II ein; vgl. 707. 1142. 1358. 1511. 1686. 1871. 1895. 1998. 2040. 2423. 2490. 2529. 2535. 2816. 2819. 2851. 2855. 3091. 3155. 3362. 3469. 3610. 3636. 3730. 3737. 3862. 3939.

Bemerkungen.

1) Auch hier steht meistens nur ein perf. II. Doch auch zwei, wie 707. 2040. 2357. 2423. 2819. 3362; sie gehören gewöhnlich so eng zusammen, dass sie nur einen begriff ausdrücken.

2) Mehrfach wird ein solcher ruhepunkt in der erzählung schon dadurch hergestellt, dass das object oder subject der handlung wechselt. So steht das perf. II beim subjectswechsel in 707. 1998. 2040. 2423. 3610. 3636 und beim objectswechsel regelmässig in dem ausdrucke puis ad ocis 1358. 1511. 1895. 3469; und ausserdem 2490.

3) Oft ist der einschnitt kein so bedeutender, und schon der beginn eines neues satzes veranlasst zuweilen das perf. II. Immerhin aber ist bei dem auftreten des perf. II. doch stets ein gewisser, wenn auch bisweilen nur sehr leiser gegensatz zu

dem vorhergehenden zu beachten. Niemals findet sich das perf. II an einer völlig indifferenten stelle.

2) Wie zu anfang einer episode oder eines abschnittes derselben steht das perf II. am schlusse derselben, um entweder das resultat des vorhergehenden zusammenzufassen, oder überhaupt der darstellung einen festen und prägnanten abschluss zu geben. So steht das perf. II.

a) am schlusse einer tirade: 668. 702. 1592. 2163. 2169—70. 2524. 2554. 2629. 2826. 2869. 3733. 3749;

b) innerhalb einer tirade am abschlusse einer bestimmten gedankenreihe; oft im vorletzten verse, wo dann der letzte stets ein praes. hist. hat, das sich enklitisch an das perf. II anschliesst; vgl. 160. 303. 798. 1142. 1186. 1308. 1323. 1451. 1689. 1903. 2058. 2290. 2299. 2341. 2368. 2392. 2445. 2479. 2520. 2571. 2614. 2624. 2627. 2653. 2655. 2708. 3003. 3128. 3148. 3314. 3342. 3402. 3570. 3576. 3604. 3608. 3655. 3682. 3689. 3721. 3727. 3729. 3869. 3920. 3927. 3930. 3943. 3969. 3973. 3986.

3) Im anschlusse an 1. und 2. und als damit verwandt ist eine reihe solcher stellen zu verzeichnen, wo das perf. II unmittelbar nach der direkten rede steht zur bezeichnung einer handlung, die als eine wirkung, ein resultat der gesprochenen worte erscheint und hieran sich eng anschliesst. In diesem gebrauche steht das perf. II dem praes. hist. zur seite, welches letztere jedoch vorherrscht und oft auch neben dem perf. II auftritt; vgl. 340. 484. 641. 660. 873. 908. 1180. 1567. 1677. 1884. 2008. 2054. 2373. 2457. 2762. 2816. 2830. 2839. 2982. 3324. 3327. 3460. 3621.

4) Entsprechend seiner hervorhebenden eigenschaft steht das perf. II von handlungen, die entweder an sich schon den charakter des ehrwürdigen und bedeutungsvollen haben, oder ihn durch die jeweiligen umstände erhalten; ferner auch von solchen, welche zwar zeitlich und räumlich auf einander folgen, aber in beider hinsicht doch mehr oder minder von

einander abliegen, indem sie durch verschiedene, minder bedeutende vorgänge getrennt sind; das perf. II hebt alsdann die hauptmomente hervor. Auch kann die ungleichartigkeit zweier handlungen (gemäss 2. oben) veranlassung zum gebrauch des perf. II sein wie 160—61. Vgl. 163—65. 345—47. 669 — 70. 1141 — 42. 1512 — 13. 2076 — 79. 2157 — 61. 2172—75. 2190—91. 2201—05. 2499—2501. 2953 — 54. 2957 — 61. 2964 — 73. 2988 — 89. 3463 — 64. 3725 — 30. 3859 — 60. 3863 — 65.

Bemerkungen.

1) Als ausdruck für eine feierliche und heilige handlung finden wir ad asols e seigniet 1141. 2957 und ähnlich in 340. 2205. 3859. 3860; niemals steht das praes. hist. oder perf. I dieser ausdrücke. Das rührende und ergreifende schildert das perf. II in 2172—75. 2201—05. 2953—61. 2964—73. 3725—30 u. a.

2) Das perf. II steht meistens bei anlegung von kleidungs- oder rüstungsstücken: 163—65. 345—47. 669—70. 2496—2501. 2988—89. 3863—65.

5) Ohne diese hervorhebende bedeutung, lediglich als rhetorische figur, findet das perf. II hist. verwendung im anschlusse an ein praes. hist., seltener perf. I, an die es sich in enklitischer weise anlehnt, indem es meist den in jenen liegenden begriff nur umschreibt. Ebendieselbe redewendung werden wir auch beim perf. I kennen lernen, das sich in gleicher weise enklitisch an perf. II und praes. hist. anzulehnen liebt. Die enklitische redewendung ist durchweg eine festbestimmte; sie besteht theils aus nur einem verse, auf dessen hälften sich dann die beiden tempora vertheilen, theils aus zwei, selten drei versen, auf welche ebenso sich die fraglichen tempora vertheilen. Diese redewendung hat etwas sehr lebhaftes und anziehendes, und ihre anwendung ist sehr häufig. In dieser ausschliesslich rhetorischen function steht das perf. II im anschlusse an ein praes. hist.

a) in der einversigen redefigur:

365: Entret en sa veie, si s' est achiminez.
486: Freint le seel, getet en ad la cire.
2622: E eil est luinz, si ad mult demuret.
Vergl. ferner 601. 717. 782. 1126. 1136. 1957. 2086. 2231. 2480. 2849. 2878. 3652. 3658. 3707. 3726. 3991;

b) in der zweiversigen redefigur:

366: Guenes chevalchet suz une olive halte,
Asemblez s' est as sarrazins messages.
662: Li empereres aproismet sun repaire,
Venuz en est à la cit de Valterne.

Vgl. weiter 1246. 1300. 1371. 1374. 1384. 1577. 1689. 1903. 1946. 1997. 2240. 2390. 2453. 3097.

Zu a) ist zu bemerken, dass das perf. II meistens in der zweiten hälfte des verses steht; das umgekehrte verhältniss findet˙ seltener statt wie

641: Il les ad prises, en sa hoese les butet.

Ferner 660.

(Ueber den wechsel des perf. II mit perf. I in der enklitischen redewendung siehe perf. I.)

Blicken wir auf die darstellung des perf. II hist. zurück, so finden wir, dass nirgends sich sichere regeln über sein auftreten geben lassen; dazu sind die gegebenen beobachtungen mehr rhetorischer, als syntaktischer natur.

Hier möge es erlaubt sein, eine stelle mitzutheilen, welche ein deutlicher beweis ist, mit welcher freiheit in dem gebrauche˜ der historischen tempora geschaltet wird. Sie lautet:

1556: Il vait ferir Anséis en l' escut,
  Tut li trenchat le vermeill e l' azur,
  De sun osberc li ad les pans rumput,
  El cors li met e le fer e le fust.

Hier geht der wechsel durch alle historischen tempora, ohne dass sich für eins derselben irgend ein triftiger grund anführen liesse. Da verschwindet vollends jede scheidewand zwischen den drei temporibus und die willkür des dichters ist die alleinige gesetzgeberin.

Das dritte praesentiale tempus ist

Das futurum I.

Aus bereits entwickelten gründen hat dieses tempus gegen das lateinische an seinen functionen bedeutende einbusse erlitten. Wie im lat. und überhaupt in allen sprachen, die ein fut. besitzen, bezeichnet das futurum I eine handlung, die mit bezug auf die gegenwart des sprechenden einfach zukünftig ist. Das frühere oder spätere eintreten einer thätigkeit bedingt zunächst keinen unterschied in der anwendung dieser zeitform. Je nachdem eine handlung zukünftig ist mit beziehung auf die logische oder historische gegenwart, unterscheiden wir ein futurum 1) der direkten rede, 2) der historischen rede.

I. Das futurum I der direkten rede.

Das fut. I steht zur bezeichnung einer von der gegenwart des sprechenden aus einfach zukünftigen handlung, wie in allen sprachen:

34: Bien en purrat luer ses soldeiers.

43: Par num d'ocire envcierai le mien.

Vgl. ferner 37—39. 49—57. 83—87. 132. 133. 136. 149. 150. 153. 155. 156. 188—90. 250. 255. 260. 269. 284. 290. 298. 317. 320. 335. 336. 354. 360. 376. 382. 397. 401. 423. 424. 435—37. 473—74. 477—82. 498. 517 etc.

Besonders erscheint das fut. I als regelmässiges tempus des futuralen bedingungsnachsatzes: 75. 88. 246. 279. 296. 311—12. 434. 472. 476. 494. 615. 658. 840. 867. 893. 902. 904. 922. 928. 935. 1134. 1135. 1710. 1721. 1867. 2117. 2602. 2607. 2676. 2753. 2718. 2766. 2801. 2808—09. 3207. 3235. 3290. 3459. 3844.

Die adverbien ja, jamais, sempres, mar, ja mar heben

den zukunftsbegriff mit nachdruck hervor; nach ihnen steht daher niemals ein futurales praesens, sondern nur das wirkliche futurum.

196: Ja mar crerez Marsilie.
220. 262. 653. 690. 915. 930. 971. 1016. 1055. 1072. 1076. 1105. 1241. 1303. 1336. 1704. 1721. 1909. 1984. 2023. 2053. 2088. 2114. 2153. 2199. 2254. 2311. 2734. 2901. 2915. 3134. 3203. 3236. 3275. 3514. 3558. 3598. 3716. 3788. 3802. 3896. 3905. 3941.

Es ist zu bemerken, dass wir im deutschen eine futurale thätigkeit in fragen, betheuerungen, drohungen und dergl. mit den modalen hülfsverben „können, sollen, wollen, mögen u. a." umschreiben. Das altfrz. und speziell das Rolandslied pflegen diese wendungen durch die einfache futurbeziehung, das fut. I, auszudrücken. Wo aber ein hülfsverb, besonders poeir, angewandt wird, tritt dasselbe, obwohl es mit einem infinitiv verbunden steht, fast durchweg in das fut. I, während wir deutsche uns des praes. zu bedienen pflegen.

244: Seignur barun, cui i enveieruns?
 wen sollen wir entsenden?
252: Seignur barun, cui purruns enveier?
 wen können wir entsenden?
275: Car m' eslisez un barun de ma marche,
 Qui à Marsilie me portast mun message.
 Ço dist Rollanz: Ço iert Guenes, mis parastre.
 Das kann (mag, soll) G. sein.

Und ähnlich ferner in 321. 334. 447. 581. 699. 748. 767. 785. 915. 1076. 1698. 1699. 1882. 1900. 1901. 1961. 2139. 2698. 2722. 2926. 3716. 3761. 3779.

Im neufrz. liegen die verhältnisse gerade so wie im altfrz. Eine ähnliche färbung hat das fut. I in folgenden relativsätzen:

(Vus li durrez)
33: Cinquante carre, qu' en ferat carrier.

Ebenso 131 und

572: Par XX ostages, que li enveiereiz,
En dulce France s' en repairrat li reis.

Hier nähert sich das fut. schon mehr der bedeutung des imperativischen futurums, worüber unten.

Wir haben unter dem praes. bereits erörtert, wo und wann das fut. durch ein praes. vertreten werden kann, und gefunden, dass dies meist in nebensätzen und zwar im anschluss an ein regierendes futurum oder diesem gleichstehendes tempus der fall ist. Wo letztere bedingung nicht vorliegt, erscheint natürlich auch im nebensatze zur bezeichnung einer futuralen thätigkeit das fut. I vgl. 148. 2145. 3754 im relativsatze; 224—225. 591. 884. 968. 1936 2108, nach que dass; und 3179. 3557 nach si, se ob.

Das fut. I im nebensatze ist sogar nicht ausgeschlossen, wenn der hauptsatz ein fut. enthält:

Jo vus durrai . . .

75: Terres e fiez tant cum vus en vuldrez.

1122: Se jo i moere, dire poet ki l' avrat;
und ebenso 312, jedesmal im relativsatze im anschlusse an das futurale tempus des bedingungsnachsatzes. Es scheint regel zu sein, dass die relativsätze, welche von dem futuralen praes. des bedingungsvordersatzes abhängig sind, mit diesem das fut. praes. theilen, während die vom nachsatze abhängigen mit diesem das fut. gemeinschaftlich haben; vgl.

577: Mort sunt li cunte, se est qui mei en creit.

3834: S' or ad parent qui m' en voelt desmentir . . .

Das fut. I im nachsatze nach regierendem fut. I ferner in 927, indirekte frage; 423 nach si ob.

Im temporalen conjunctionalsatze der direkten rede steht nach quant und cum=wenn, wann stets das fut. I, wenn die handlung mit der im fut. I ausgedrückten handlung des regierenden satzes gleichzeitig ist; vgl.

51: Quant cascuns iert à sun meillur repaire,
Carles serat ad Ais à sa capele.
1928: Quant en cest camp vendrat Carles mis sire,
De Sarrazins verrat tel discipline.

Vgl. weiter quant: 151. 1077; cum: 2910. 2917.
Anmerkung: In 1928 steht das fut. I eigentlich im sinne eines fut. II, aber das Rolandslied, wie auch das neufrz. und deutsche, liebt nicht die strenge scheidung des lateinischen, sondern pflegt in diesen und ähnlichen sätzen der auffassung der gleichzeitigkeit zu huldigen. (Vgl. die bedingungssätze unter praes.)

Das fut. steht sentenzial im sinne eines sentenzialen praes. 2088.

Ja bons vassals nen iert vifs recréuz.

Das fut. ist durch ja veranlasst. (Vgl. oben.)

Beim praes. ist bemerkt, dass zur bezeichnung einer handlung, die unmittelbar oder doch gleich im anschlusse an das gesprochene wort eintritt, gern und fast regelmässig das praes. steht. Doch ist auch das fut. nicht ausgeschlossen, wie folgende stelle beweist,

2138: Sire, a pied estes, e jo sui à ceval,
Par vostre amur ici prendrai estal.

Wir würden mit dem hülfsverbum wollen übersetzen, wie auch Gautier thut: Pour amour pour vous je veux faire halte. Eine häufige anwendung des futurs in diesem sinne findet in der historischen rede statt. (Siehe unten.)

Die beiden stellen 2063. 2144, wo das fut. I ausnahmsweise im condizionalen vordersatze steht, sind unter dem praes. bereits besprochen worden.

Das fut. I wird schliesslich in direkter rede nicht selten an stelle eines imperativs gebraucht; das merkmal eines mit nachdruck gegebenen befehles, wie man es dem fut. hat vindiziren wollen, lässt sich durchaus nicht überall nachweisen; kommt das fut. in imperativischem sinne doch sogar mehrfach in verbindung mit einem wirklichen imperativ und diesem gleichbedeutend vor:

28: Mandez Carlun, al orguillus, al fier,
Fedeilz servises e mult granz amistiez;
Vus li durrez ...

spricht ein unterthan zu seinem könig. Vgl. ferner 70. 72. 79. 80. 81. 289. 592. 605. 907. 944—45. 1709. 2752. 3282—83. 3995—96.

Für einen in der dritten person ertheilten befehl ist das futurum das regelmässige tempus.

2753: Puis *si* li dites, n' en irat, s' il me creit.

Und ferner 3021—22. 3074. 3284—87 und vielleicht auch 1882.

Ebenso steht das fut. I, wenn der befehl verneinend ist und die handlung nicht sofort ausgeführt werden soll; im deutschen und neufrz. gilt dieselbe regel.

255: Nu ferez certes, dit li cuens Oliviers.

Und ähnlich 250. 260 und weiter.

II. Das futurum I der historischen rede.

In der historischen rede wird das futurum im allgemeinen in demselben sinne gebraucht, wie in der direkten rede. Es bezeichnet eine handlung, welche vom standpunkte der historischen gegenwart als einfach zukünftig gilt. Doch findet auch diese nur dann ihren ausdruck durch das futurum, wenn sie noch in dem bereich der eben erzählten begebenheit liegt, während eine entferntere handlung der zukunft, die blos gelegentlich erwähnt wird, das perf. I erfordert. (Vgl. perf. I.) Hauptsächlich steht das futurum auch hier wieder im hauptsatze: 810. 859. 1206. 1252. 1402. 1405. 1421. 1489. 1490. 1642. 1659. 1690. 1839. 1873. 1912. 1966. 2103. 2126. 2226. 3025. 3030. 3034. 3041—43. 3048. 3050. 3051. 3067. 3071. 8082—83. 3395. 3417. 3480. 3577. 3665. 3673.

Im nebensatze nach einem praes. hist. steht fut. I.
761 rel., 1110 que, 1886 que, 2103 se ob, 2342 que,
2530 rel., 2666 que, 3443 rel., 3850 que, 3872 und 735 indirecte
frage.

Besonders zu bemerken ist das fut. I in 2126 nach tant
cum: Ne s' recrerrat, tant cum il serat vifs, das sich hier
der construction von quant und cum (vgl. oben) anschliesst,
während es in 544 und 557 in direkter rede und in ähnlicher
stellung mit dem praes. steht, sich also der construction
des bedingungssatzes vergleicht.

Ferner das steht futurum nach tresque in
3849: Fait cels guarder, tresque li dreiz iert faiz.
Wozu vgl. 162: La noit demurent, tresque vint al jur
cler. In 3849 scheint das fut. eine absicht zu bezeichnen,
das perf. I in 162 eine zufälligkeit, entsprechend dem neufrz.
jusqu' à ce que mit dem conj. und indikativ. (Vgl. unten
bei tresque und jusque.)

In seltener weise steht das fut. I anstatt eines praes.
hist. im zusammenhang der hist. rede.

1251: Guardet à terre, veit le glutun gesir,
Ne laisserat que n' i parolt, ço dit,
und ebenso 1206 und 1642.

Der dichter in seiner lebhaften vorstellung betrachtet
das vergangene als eben gegenwärtig und von diesem standpunkte
aus erscheint ihm das unmittelbar darauf geschehene
als etwas bevorstehendes, dessen eintreten er natürlich mit
grösster bestimmtheit verkünden kann.

Das futurum II.

Wie durch zusammensetzung des praes. von aveir und
estre mit dem particip das perfectum compositum, wurde durch
verbindung von fut. I und particip das futurum II gebildet,
das seiner bedeutung nach dem lateinischen futurum exactum
entspricht. Im Rolandsliede begegnen wir nur der zusammensetzung
mit avrai etc.

Das fut. II steht, wie im lateinischen, mit bezug auf ein fut. I oder ein diesem gleiches tempus oder ausdruck zur bezeichnung einer handlung, die zwar auch zukünftig ist, aber vergangen in hinsicht auf das fut. I.

583: Li reis serat as meillurs porz de Sizre,
Sa rereguarde avrat detrès sei mise.

Ferner 449, wo es mit beziehung auf ein futurales praes. conj. steht und 594, wo das bezügliche fut. I zu ergänzen ist. In

972: Jusqu' à un an avrum France saisie, und
2751: Cunquis l'avrat d'hoi eest jur en un meis
vertreten die adverbialen zeitausdrücke das fut. I.

Einige schwierigkeit hinsichtlich der erklärung und auffassung dürften folgende ·beiden stellen bieten:

1) 446: Tant vus avrai en curt à rei portée;
Ja ne l'dirat de France l'empereres . . .

Ganelon versetzt sich in die zukunft, wo er am hofe des königs Marsilies gefallen sein wird und die nachricht von seinem tode zu Carl kommt. Mit beziehung auf diesen zeitpunkt konnte er füglich sagen: avrai portée.

2) In ähnlicher weise ist 2352 aufzufassen. Wir theilen der orientirung wegen die in betracht kommenden verse mit:

2350: De chrestiens devez (sc. Durendal) estre servie.
Ne vus ait hum qui facet cuardie!
Mult larges terres de vus avrai cunquises,
Que Carles tient . . .

Das perf. II statt des fut. II würde verständlicher und natürlicher sein; es steht auch in Cod. Ven. 4. Indessen ist auch das fut. II nicht ohne sinn; es steht mit bezug auf den zeitpunkt, wo das schwert wirklich in andere hände übergehen soll und der ja auch in 2350 f. angedeutet ist. Es herrscht hier also dieselbe anschauungs- und redeweise wie oben in 446, d. h. die des eigentlichen futurum exactum.

Hiermit haben wir die praesentialen tempora des indikativs erledigt und gehen nunmehr zu den praeteritalen zeitformen desselben modus über und zwar zunächst zum perf. I, als dem wichtigsten tempus.

Das perfectum simplex (perf. I.)

Das perf. I des aktivs entspricht der form nach dem lateinischen perfekt, hat aber inhaltlich dadurch eingebüsst, dass es die bedeutung des lat. perf. log. an das zusammengesetzte perf. II abtreten musste, selber aber fast nur die bedeutung eines perf. hist. beibehielt. Das perf. I steht 1) in direkter und historischer rede zur bezeichnung einer mit bezug auf die log. oder hist. gegenwart einfach vergangenen handlung: perf. I log., 2) in historischer rede aber auch zur bezeichnung einer auf der zeitstufe der historischen gegenwart stehenden handlung, in gleicher bedeutung also mit dem praes. hist. und perf. II hist.: perf. I hist.

I. A. Das perf. I log. der direkten rede.

Gelangt in direkter rede eine thatsache der vergangenheit zur darstellung, so tritt, wenn die handlung blos als vergangen, ohne alle beziehung zu irgend einem tempus, aufgefasst wird, das perf. I log. ein. Daher begegnen wir diesem tempus

1) allemal, wenn in direkter rede eine begebenheit der vergangenheit berichtend mitgetheilt wird, wie 198—209. 371—74. 384—86. 418—20. 682—89. 1114—16. 1775—79. 2319—31. 2772—84. 3751—52. 3758—59. 3771—77;

2) in gleicher weise in isolirter stellung, wenn gelegentlich an ein ereigniss der vergangenheit erinnert wird, sowohl im haupt- wie im nebensatze: 290. 491. 765. 769. 1101. 1121. 1171. 1192. 2047. 2095. 2097. 2292. 2293. 2385. 2386. 2504. 2920. 3101. 3103. 3187. 3500. 3710. 3833.

3) In einer eigenthümlichen anwendung finden wir das perf. I in verbindung mit einem perf. II log. oder praes. log. in der weise, dass diese eine handlung oder einen zu-

stand allgemein und in ihrer bedeutung für die gegenwart ausdrücken, das perf. I dieselbe spezialisirt und in die historische vergangenheit rückt.

453: Mal nus avez baillit,
Que le Franceis asmastes à ferir.
2028: Ensemble avum estet e anz e dis;
Ne m' fesis mal, ne jo ne l' te forsfis.
2715: Cist nostre deu sunt en recreantise,
En Rencesvals malvaises vertuz firent; —
Noz chevaliers i unt laissiet ocire,
Cest mien seignur en bataille faillirent; —
Le destre puign ad perdut, n' en ad mie,
Si li trenchat li cuens Rollanz li riches. —
Ferner 514. 1025. 2584. 2601. 2701.

Bemerkung: In einigen fällen steht auch bereits aus anderen gründen das perf. I, so 514. 2601. 2701, weil hier die handlung durch ein adverbium temporär bestimmt ist. (Vgl. unten bei 5.)

4) Ausnahmelos steht das perf. I, sobald die handlung durch irgend ein adverbium der zeit oder sonst eine zeitliche bestimmung der vergangenheit begrenzt wird. Dadurch wird jede möglichkeit der beziehung zur gegenwart abgeschnitten, die handlung an einen historischen zeitpunkt der vergangenheit gebunden und demgemäss das perf. I erforderlich.

197: Set anz ad pleins qu' en Espaigne venimes.
768: '... ne l' me reproverunt
Que il me chieded cum fist à Guenelun
Vostre guanz destres, quant reçut le bastun.
1708: Quant je l' vus dis, n' en féistes nient.
Ferner 514. 1192. 1209. 1716. 2319. 2371. 2863.

Bemerkungen:
a) Fällt die handlung des bestimmenden satzes mit der des bestimmten satzes gleichzeitig, so steht auch in jenem das perf. I, ausgenommen jedoch, wo eine andere rücksicht

für den hauptsatz ein anderes tempus verlangt, wie 1192 das perf. II log. und 2318. 2860 das imperfectum. (Vgl. dieses tempus.) Doch steht auch hier 2861 vanterent, obgleich es mit esteie 2860 dieselben functionen verrichtet. (Vgl. 2772.)

b) Aus der gegebenen regel ergibt sich, dass quant in directer rede stets mit dem perf. I gebraucht wird, wenn es in der bedeutung des lat. cum temporale steht, zur bezeichnung einer handlung, die gleichzeitig mit einer andern vergangenen handlung geschah.

5) Wie nach quant, steht das perf. I in der direkten rede auch regelmässig nach den adverbien der vergangenheit:

2745: Cil fut ocis hier seir.

2791: En Renccsvals une bataille out hier.

Vgl. ferner 3185. 3411. 3629; auch 2772 und 2601. 2701. Die adverbien sind meist: hier, dann hui matin 2601. 2601. 3629; l'altre seir 3412; an letzterer stelle ändert M[2]. die Oxforder überlieferung aus inneren gründen von „mort l' altre seir" in „ocis hier seir"; „hoi matin" ist ein adverbium der vergangenheit in folge des beisatzes matin; hoi allein ist ein adverbium der gegenwart und hat die handlung der vergangenheit daher meist im perf. II bei sich.

An einer stelle hat „hier matin" das imperf. nach sich 383: Hier main sedeit. Das imperf. steht hier, weil die handlung nicht als historisch abgeschlossen, sondern als in der vergangenheit fortdauernd bezeichnet werden soll. Doch steht auch in diesem sinne nach „hier" das perf. I: fut in 2772, das somit imperfectivische bedeutung hat und materiell dem folgenden vulcit 2773 gleichsteht.

Ein im Rolandsliede sehr häufig vorkommendes und meist von der vergangenheit gebrauchtes adverbium ist unches, unc, unques. Es steht darum in direkter rede nach obiger regel stets mit dem perf. I.

629: Tenez mun helme, unches meillur ne vi.

640: Vostre empcrere si bones n' en out unches.

Ferner 1044. 1168. 1208. 1461. 1857. 1865. 2046. 2255. 2384. 2888. 3322. 3394. 3516.

Bemerkungen:

1) In 1208 ist volt, das sonst in der Oxforder handschrift auch die form des praes. ind. ist, als perf. I anzusehen sowohl der analogie wegen, als auch weil die handlung überhaupt auf die vergangenheit sich bezieht.

2) unques hat die eigenschaft, die thätigkeit zu einer bloss historisch abgeschlossenen thatsache zusammen zu drängen, auch dort, wo man sonst vielleicht das imperf. verlangen würde wie 1208.

Wie unques hat auch das adverbium mar, mare, wenn es auf die vergangenheit geht, stets das perf. I nach sich; mar wird als adverbium der zeit anzusehen sein.

1057: Felun paien mar i vindrent as porz.

Ferner 1335. 1731. 1860. 1949. 1983. 2027. 2146. 2198. 2221. 2475. 2823. 3446.

Anmerkung: Bedeutung und ableitung von mar sind im dunkeln. Diez gibt als etymologie mala hora an; dieselbe wird durch den gebrauch des perf. I bei mar, analog dem bei unques, hier etc. bestätigt; dass mar wenigstens die bedeutung von malus, male in sich trägt, möchte ausserdem eine stelle aus dem Rolandsliede selbst beweisen, nämlich

2900: Cum en Espaigne venis à mal, seignur!

Dieser vers ist denjenigen mit mar ganz analog construirt; es ist ein ähnlicher gedanke, dieselbe redewendung und es ist kaum zweifelhaft, dass hier [à] mal identisch mit mar steht. Wir ziehen daher auch 2900 unter die vorliegende rubrik.

Der gebrauch des perf. I nach mar, wenn dieses nicht als adverbium der zeit anzusehen, wäre um so unerklärlicher, als statt des perf. I ohne mar in vielen fällen ebenso gut oder besser das perf. II log. stehen könnte, wenn nicht gar müsste, (vgl. perf. II nach mal, bien etc.), da in jenen stellen eine handlung gerade mit rücksicht auf ihre gegenwärtigen bedauernswerthen folgen dargestellt wird. In 2823 ist dies augenscheinlich, und Gautier übersetzt ganz richtig: misérable que je suis. (Vgl. ausserdem 2475. 2221. 2195. 2146 etc. und die übersetzung dazu von Gautier.) So stark war aber der einfluss des adverbiums auf die wahl des tempus, dass es nicht eine einzige ausnahme zuliess, eine ausnahme, die doch leicht hätte gerechtfertigt werden können.

6) In einer reihe von stellen begegnen wir im Rolandsliede dem perf. I in verbindungen, wo wir anlässlich des perf. II log. dieses als die regel aufgestellt haben. Man könnte daher versucht sein, auch dem perf. I entsprechend seinem ursprunge, die functionen des perf. II log. vindiziren zu wollen als einen antheil, den es aus dem lateinischen mitgebracht hätte. Indessen wäre eine solche schlussfolgerung zu weit greifend. Als durchschlagende regel ist festzuhalten, dass die funktionen des lat. perf. log. voll auf das zusammengesetzte perf. I übergegangen sind. Finden wir eine scheinbare ausnahme von dieser regel, so ist nur eine andere anschauungsweise anzunehmen, d. h. dass, anstatt eine handlung der vergangenheit nach ihrer verbindung mit der gegenwart aufzufassen, der dichter dieselbe als bloss historische thatsache betrachtet und dargestellt hat. Die vorliebe der historischen auffassung vergangener thatsachen an stellen, wo im lateinischen eine andere anschauung massgebend zu sein pflegt, werden wir noch öfter gelegenheit haben hervorzuheben. Wir geben in folgendem die bemerkenswerthesten stellen:

1386: Ne l' oï dire ne jo mie ne l' sai.
1722:   Pur quei me portez ire?
       E cil respunt: Cumpainz, vus le feïstes.
1899: A si grant tort m' ociz mes cumpaignuns,
       Colp en avras.

2387: Guaris de mei l' anme de tuz perilz,
Pur les pecchiez que en ma vie fis!

Vgl. ferner 154. 213. 353. 457. 836. 1127. 1193. 2413. 2457. 1829.

7) Das perf. I der direkten rede vertritt ferner sehr gewöhnlich das imperf. Dieses tempus ist im Rolandsliede sogar verhältnissmässig selten; das Rolandslied hat offenbar die tendenz, zeitverhältnisse, die der lateiner als in der vergangenheit werdende zu betrachten gewohnt, als historische thatsachen zu fassen. Dem perf. I kann um so weniger diese anschauung zugesprochen werden, als dieselbe auch dem lat. perf., aus dem perf. I ja direkt entstanden, vollständig fern lag und im altfrz. kein grund vorhanden war, eine bedeutung in das perf. I zu legen, für die ja, wie im lat., ein eigenes tempus, das imperf., bestand. Thatsächlich kommt das imperf. auch im Rolandsliede zur anwendung und zwar jedesmal in der streng lat. bedeutung. Wir geben zunächst die hieher gehörenden stellen der direkten rede.

1122: Se jo i moere, dire poet ki l'avrat,
Que ele fut à nobilie vassal.
2178: Nos cumpaignun, que oümes tant chiers,
Or sunt il mort.

Ferner 1387. 1538. 1961. 2046. 2208. 2209. 2329. 2722. 2861. 3105. 3187. 3769.

Bemerkungen:

1) Zweimal steht so das perf. I im substantivsatze 1123. 1538; einmal in der indirecten frage 1387; viermal im hauptsatze 2208. 2722. 2861. 3769; in den übrigen fällen im relativsatze, wo denn auch im lat. und neufrz. das imperf. am meisten zur anwendung kommt, da der relativsatz gewöhnlich beschreibt und schildert, mithin eine handlung als unfertig, im werden, in ihrer dauer darstellt.

2) Das perf. I steht sogar in verbindung mit einem

imperf. und augenscheinlich in gleicher funktion mit demselben, wie

2772: Li emperere fut hier as porz passer,
Si s' en vuleit en dulce France aler.

In ähnlicher weise ferner in 2861. 3769.

3) Dass in stellen wie den genannten, namentlich in relativsätzen, die imperfectivische anschauung nicht unbekannt ist und dann also das imperf. steht, siehe unter imperf. Hier sei nur zum vergleiche auf analoge stellen mit perf. I und imperf. hingewiesen: 2329 dunt il out la fiance und 2332: que il teneit sa cambre; 2178: que oümes tant chiers und 2793: que Carles aveit tant chiers; 3105: ù fut enz und 3102: ki en sun cors aveit. Vgl. ausserdem die neufrz. übersetzung von Gautier bei den stellen, wo er sich genau an das original gehalten. Neufrz. geht jedoch der gebrauch des imperf. im relativsatze noch weiter, als das lat.; vgl. 2095: Ço dit la geste e cil qui el camp fut; lat. etwa: Quae omnia dicit chronicon et is qui in proelio fuit. Gautier: Voilà ce que dit la geste et aussi celui qui était sur le champ.

I. B. Das perf. I log. in historischer rede.

Dieses perf. I bietet, wie es dem perf. I log. der direkten rede analog ist, auch diesem analoge erscheinungen rücksichtlich des gebrauches. Wie dieses mit bezug auf die log. gegenwart, bezeichnet es mit bezug auf die historische gegenwart handlungen, welche zu dieser in dem verhältnisse der einfachen nackten vergangenheit stehen. Doch hat das perf. I log. der historischen rede seine bedeutung nach zwei seiten hin erweitert, welche das der direkten rede nicht kennt und die deshalb besonders bemerkenswerth sind. 1) nämlich finden sich im Rolandsliede mehre stellen, wo das perf. I in verbindung mit perfectivischen zeitformen eine vor diesen liegende vergangenheit bezeichnet, wofür also logisch das plusq. erforderlich wäre. 2) bezeichnet das perf. I einigemal auch eine hinter der historischen gegenwart liegende, mithin zukünftige handlung.

1) Längere excurse auf eine frühere zeit finden sich in der historischen erzählung des rolandsliedes nur zwei, und auch diese überschreiten nicht den raum von 3 und 5 versen: 1486—88; 1523—1527. In ihnen steht das perf. I in oben bezeichnetem sinne.

2) Ebenso steht das perf. I im hauptsatze sowohl wie im nebensatze in isolirter stellung. Vgl. 3. 1520. 1649. 1550. 1663—64. 2238. 2244. 2275—76. 3094. 3211. 3691.

3) Besonders steht das perf. I, wenn die thätigkeit durch irgend eine zeitangabe der vergangenheit bestimmt ist und zwar

    a) durch einen temporalen nebensatz. Nur ein beispiel:
1406: Malvais servise le jur li rendit Guenes
       Qu' en Sarraguce sa maisniee alat vendre.

    b) durch adverbien der vergangenheit, vorzugsweise unques:
1638: Unches nuls hum ne l' vit juer ne rire.

So ferner nach unques: 1850. 2134. 2223. 2501. 3231. 3261. 3531. 3638.

    Bemerkungen:

1) unques mais in 2223 hat trotz mais praeteritale bedeutung, wie ja auch neufrz. jamais von der vergangenheit gelten kann. (Vgl. I. A. 1461.)

2) In 3231 ist volt als perf. I anzusehen. (Vgl. I. A. 1208.)

3) V. 2134 und 3531—32 stehen im anfange der tirade, es schliesst sich ihnen die erzählung mit perf. I hist. an. Das perf. I nach unques wäre demnach plusquamperfectivisch. Indess ist zu bemerken, dass die betreffenden verse sich nicht, wie in den übrigen fällen, eng an die folgenden hist. tempora anschliessen und überhaupt gar nicht mit bezug auf diese, sondern ganz absolut stehen.

Wie nach unques ... ne steht das perf. I in gleichem sinne nach enceis ne, das mit jenem synonym ist, in
1595: Enmi sa veie ad encuntret Rollant,
Enceis ne l' vit.
3382: Ne fut si fort enceis ne puis cel tens.

4) An mehren stellen begegnen wir auch hier dem perf. I, wo man perf. II erwarten sollte, ein neuer beweis für die willkürlichkeit der auffassungen.
2102: Rut ad le temple pur ço que il cornat.
2508: Li nums Joiuse l'espée fut dunez.

Bemerkungen:
a) Vergleiche die übersetzungen Gautier's: D'avoir sonné son cor sa tempe est tout ouverte und: On lui a donné le nom Joyeuse.
b) Zu fut dunez 2508 vgl. ausserdem En l'orie punt l' ad faite manuvrer 2506, welchem es materiell und zeitlich ganz gleich steht.

5) Zuweilen erscheint auch das perf. I in durchaus plusquamperfectivischer bedeutung, indem es im anschlusse an ein perf. I hist. eine vor diesem liegende handlung bezeichnet.
89: Dis blanches mules fist amener Marsilies,
Que li tramist li reis de Suatilie.
2091: Puis li dist Carles qu' il n' en espargnat nul.
Ferner in 1392—93 und 2378. 2380.

In derselben weise bezeichnet das perf. I eine plusquamperfectivische handlung in beziehung zu einem perf. II log. der historischen rede in
3144: Par sun orguill li ad un num truvet
Par la Carlun, dunt il oït parler.

Anmerkung: Im lateinischen müsste nicht nur in diesen, sondern auch in den 1—4 aufgeführten fällen das plusq. stehen, da hier auch das historische praes. als ein die vergangenheit repräsentirendes tempus gefühlt wird. Im Rolandsliede wird die historische erzählung durch das praes. hist. und perf. II hist. als wirkliche gegenwart empfunden, so dass auch dieser vorausgehende handlungen nicht plusq. gefasst werden. Demgemäss ist das perf. I in nr. 1—4 nicht als stellvertreter des plusq. anzusehen; dieses ist nur der fall für nr. 5, wo das perf. I mit einem wirklichen tempus der vergangenheit perf. I hist. und perf. II log. eine vor diesen liegende thatsache bezeichnet.

6) Wird in der historischen erzählung auf eine zukünftige begebenheit hingedeutet, dieselbe gewissermassen antizipirt, so steht meistentheils das fut. I. Liegt die handlung jedoch ausserhalb des verlaufes der gegenwärtig erzählten begebenheit und ist sie sonst in keiner direkten beziehung zu derselben, so steht, wie auch im lat. und neufrz., ein historisches tempus, im Rolandsliede das perf. I.

178: Guenes i vint, qui la traïsun fist
179: Dès or cumencet li cunseilz que mal prist.
209: Puis le dist Carles ...
Ferner 1408—11. 3212—13.

Das perf. I in solchen sätzen ist dadurch zu erklären, dass die handlung derselben nicht so sehr von dem standpunkte der historischen erzählung, als dem der logischen gegenwart beurtheilt wird, so dass das perf. I geradezu nothwendig wurde.

7) Endlich steht das perf. I log. der historischen rede, wie das der direkten rede, anstatt eines imperf. in

2244: Cuntre paiens fut tuz tens campiuns.
3094: Saint Pierre fut, si aveit num Romaine.
3211: Ço est de la terre qui fut al rei Flurit.
3691: E l'arcevesque (sc. ad conduit), qui fut sages e pruz.

II. Das perfectum I historicum.

Die dritte grosse gruppe von perf. I, der wir im Rolandsliede begegnen, erscheint nur in der historischen erzählung und begreift diejenigen perf. I in sich, welche nicht eine der historischen gegenwart voranliegende oder folgende zeitstufe bezeichnen, sondern diese selbst, so dass sie zeitlich also dem praes. hist. und perf. II hist. gleich stehen. Das perf. I erscheint in durchaus untergeordneter stellung, da das praes. hist. das dominirende tempus der historischen rede ist, an welcher perf. I und perf. II nur gelegentlich theilnehmen. Das gesetz nun, welches das auftreten des perf. I als historischen tempus zum grossen theile bestimmt, ist ein ähnliches, wie dasjenige, welches wir schon beim perf. II beobachtet haben, nämlich ein rhetorisches.

1) Das perf. I liebt nämlich vorzugsweise in der enklitischen redewendung aufzutreten, die wir bei dem perf. II bereits kennen gelernt haben. Während aber das perf. II im grossen und ganzen hervorhebende eigenschaft hat, ist das perf. I durchweg untergeordneter natur, entweder in der bedeutsamkeit der handlung oder in der stellung oder in beiden zugleich. Es steht im anschluss an praes. hist. und perf. II hist. Die enklitische redefigur zählt auch hier entweder 1 oder 2 verse; selten sind letztere durch einen dritten eingeschobenen von einander getrennt.

a) Die einversige enklitische redewendung:

α. Beide verse sind koordinirt.

195: En picz se drecet, si li vint cuntredire.

1112: Franceis escriet, Olivier apelat.

Vgl. ferner 218. 360. 487. 608. 736. 961. 1005. 1038. 1317. 1497. 2056. 2104. 2113. 2224. 2520. 2764. 2825. 2891. 3210. 3506. 3568. 3573. 3574. 3929.

In 609. 961. 1038. 2224. 3929 steht das perf. I im ersten gliede; mit ausnahme von 961 folgt alsdann im zweiten gliede das perf. II hist.

In 195. 218. 608. 1005. 2056. 2224. 3929 ist die verbindung der beiden glieder durch si bewerkstelligt, eine partikel, die beim wechsel der tempora sehr beliebt ist. 736. 1317. 2113. 2520. 2891 ist das zweite glied negativ; in den andern fällen ist die gegenüberstellung ohne weiteren schmuck.

Was das verhältniss anbelangt, in dem perf. I zu dem leitenden perf. II hist. oder praes. hist. steht, so ist dasselbe gewöhnlich das der unterordnung. Entweder liegt diese schon in der bedeutungslosigkeit der thätigkeit selbst wie bei vint 195. 218. 961. 1038, oder das perf. I ist nur eine gering modifizirte umschreibung des leitenden tempus wie 487. 736. 1112. 1497. 2056. 2113. 2520. 2891, oder es bezeichnet ein verhältniss der folge wie 1005. 3506 oder überhaupt einen engen anschluss, so dass beide verba nur einen einzigen begriff auszudrücken scheinen.

β. Das eine glied ist subordinirt.

92: Cil sunt muntet, qui le message firent.

162: La noit demurent tresque vint al jur cler.

Vgl. ferner 94. 142. 323. 1037. 1196. 1198. 1316. 1541. 1953. 2288. 2524. 3232. 3443. 3524. 3562. 3923.

Das perf. I steht sowohl im hauptsatze, als im nebensatze; in letzterem jedoch häufiger.

b) Die zweiversige enklitische redewendung ist meistens in der weise ausgebildet, dass das eine verbum auf den ersten, das andere auf den zweiten vers kommt. Sie findet sich ziemlich häufig und scheidet sich nach dem äusseren verhältniss der verben in coordinirte und subordinirte. Die zahl der letzteren ist geringer: 343. 462. 761. 818. 1914. 2083. 2215. 2342. 2827. 2870. 2974. 3110. 3780. In 343 und 462 steht das perf. I im relativsatze; in 761. 2083. 2215. 2342. 2870. 2974. 3780 im nachsatze zu quant mit praes. hist.; 818 nach puisque mit praes. hist., 2827 nach cum mit praes. hist. und 3110 nach cum mit perf. II hist.

In den übrigen fällen sind die beiden verben coordinirt. Nach deren innerer bedeutung scheiden sie sich also:

α) das eine verbum bezeichnet eine handlung, das andere einen zustand: 89. 439. 465. 485. 610. 647. 774. 955. 1483. 1943. 1978. 3720. 3870;

β) beide verben sind schildernd: 140. 2066. 2277. 3312. 3762;

γ) beide verben bezeichnen eine thätigkeit

1) im verhältniss des gegensatzes: 331. 464. 2471. 3992;

2) das perf. I bezeichnet eine mehr oder minder untergeordnete handlung: 340. 443. 509. 674. 728. 1738. 2247. 2279. 2284. 2360. 2389. 2529. 2613. 2705. 2707. 2762. 2958. 2976. 3683;

3) im verhältniss von ursache und wirkung; das perf. I bezeichnet beides: 816. 1243. 1755. 1787. 2219. 2312. 2338. 2532. 2888. 3437;

4) oft auch lässt sich keins von diesen verhältnissen unterscheiden; die beiden verben sind gleich berechtigt und betont: 109. 718. 732. 1246. 1248. 1275. 1283. 1285. 1292. 1304. 1306. 1314. 1556. 1766. 1816. 1824. 1884. 1946. 2024. 2091. 2219. 2364. 2376. 2563. 2874. 3028. 3354. 3465. 3562. 3676. 3731. 3985.

Die hervorgehobenen nummern beziehen sich auf ganz bestimmte stellen in kampfscenen, wo fast stets dasselbe perf. I frainst, descumfist, derumpit wiederkehrt und zwar meist unmittelbar nach dem ausdruck fiert.

Die beiden correspondirenden verba folgen in der regel in zwei unmittelbar sich folgenden versen; jedoch findet sich zuweilen ein dritter vers eingeschoben, so bei 89. 2024. 2083. 2215. 2529.

Bisweilen finden sich auch zwei dieser enklitischen verbindungen neben einander: 462—64. 816—19. 1246—49. 1283—86. 1304—07. 2529—32. 2705—08. 2974—77; die hervorgehobenen stellen in chiastischer stellung, so dass die beiden perf. I nach innen stehen.

2) Das perf. I nach quant.

Quant in der bedeutung des lat. cum narrativum zur

bezeichnung einer gleichzeitigkeit historischer thatsachen kann mit dem perf. I hist. stehen.

333: Quant le dut prendre, si li caït à terre.
499: Quant l' oït Guenes, l' espée en ad branlie.
Ferner 443. 751. 1219. 1643. 1940. 2222. 2314. 2709. 3329. 3533. 3640.

Auf diesen gebrauch des perf. I nach quant mag das oben entwickelte rhetorische gesetz nicht ganz ohne einfluss gewesen sein; wenigstens tritt es auch hier zu tage, da im nachsatze 1219. 1643. 2222. 2314. 3329. 3640 praes. hist. und 499. 751 perf. II hist. steht. In den übrigen fällen freilich folgt wieder perf. I.

3) Dort, wo das perf. I keine stütze an ein ihm zeitlich gleichstehendes praes. hist. oder perf. II hist. hat, erscheint es nur selten und dann meistens in verbindung mit einem demonstrativen adverbium, in dem es seine stütze erhält. Solche demonstrative adverbien sind après, atant, puis, dunc und andere.

495: Après parlat ses filz envers Marsilie.
617: Atant i vint uns paiens Valdabruns.
Vgl. ferner 109. 503. 626. 627. 633. 634. 725. 1390. 1759. 2137. 2155. 2223. 2283. 2669. 3767. 3870.

Hieran schliesst sich der gebrauch des perf. I nach dem demonstrativen tant.

451: Tant li prierent li meillur Sarrazin
Qu' el faldestoed s' est Marsilies asis.

Ferner 402. 405. 1829. 2689. 2818. 2882. 3697. Es folgt im nachsatze mit que meistens praes hist.: 405. 1829. 2689. 2882. 3697, perf. II 451 und perf. I wieder nur in 402. 2818.

Ebenfalls steht das perf. I mit vorliebe nach si, das ja ursprünglich auch reines demonstrativum ist. Vgl. 63. 108. 174. 215. 323. 333. 772. 1005. 1020. 1237. 1328. 1596. 1739. 1817. 2094. 2105. 2812. 2192. 2814. 3007. 3507. 3534. 3856. 3976.

4) Ausser in der enklitischen stellung und nach den bezeichneten adverbien erscheint das perf. I hist. in der historischen rede zur bezeichnung von handlungen nur sporadisch. Zuweilen finden wir es im anschlusse an ein anderes perf. I wie 433. 403. 443. 710. 3533. 2818; stellen, wo es dieser anlehnung entbehrt und vollständig selbständig erscheint, treten noch vereinzelter auf: 727. 2263. 2881. 2892. 3440. 414. 612. 2656. Als rein formelhaft gewordener ausdruck ist hiervon das perf. I. dist auszunehmen, das ohne alle rücksicht auf die vorhergehenden tempora einzutreten pflegt. Es ist so typisch geworden, dass es sogar steht, wenn der begriff des sagens bereits durch ein anderes verbum gegeben ist: 113. 496. 676. 962 etc. Es steht vor der direkten rede, und innerhalb derselben mit inversion im sinne des lat. inquit. Auch in den wendungen, in denen es auftritt, ist es formelhaft. Die gewöhnlichsten lauten: Ço dist Marsilies, Blancandrins (immer ço dist Rollanz) oder dist Blancandrins, li reis (immer dist Oliviers). Zuweilen auch steht e dist oder après li dist. Selten füllt es mit seinem subjecte und näherer bestimmung den ganzen vers aus, wie 1471; in der regel nur die erste vershälfte. Es findet sich gegen 150 mal. Selten für dist steht dit (vgl. praes. hist.); öfter dagegen das perf. II, meistens in der formel li ad dit: 445. 469. 512. 619. 628. 648. 746. 1126. 1164. 1231. 2285. 2823. 3131. 3201. 3314. 3325. 3454. 3823. Niemals dagegen steht dirent, dafür stets das praes. dient.

Aehnlich typisch geworden ist auch das perf. I vint, das 28 mal im Rolandsliede erscheint, während das praes. vient nur 10 mal begegnet. Im plural erscheint 5 mal vienent und 3 mal vindrent.

5) Nur sehr selten steht das perf. I in grösserer reihenfolge als eigentlich führendes tempus der erzählung; so begegnet es in 170—78. 794—97. 2169—71. 2186—89. 2566—2575.

In 170—78 und 794—97 steht i vint und in 2186—89 truvat in wiederholung, die überhaupt das perf. I zu veranlassen scheint (vgl. 1757.) Die perf. I werden aber eingeleitet und beherrscht von einem praes. hist., dessen nähere ausführung in den perf. I liegt, die also durchaus untergeordneter bedeutung sind. Eigentlich selbständig steht das perf. I nur in 2139—71, wo es auch an gewicht und bedeutung vollständig den folgenden perf. II hist. zur seite steht. Ein gleiches ist 3566—75 der fall; hier ist jedoch nicht zu übersehen, dass die perf. I im reime stehen und dieser jedenfalls nicht ohne einfluss auf die form gewesen ist. Die stelle enthält eine kampfschilderung, und es ist wenigstens auffallend, dass dieselbe, die sonst überall mit gleichen verben und in gleicher form aufgebaut ist, hier mit anderm verb und in anderer form sich findet. Auch wechselt das perf. I, das auch hier nicht die ausschliessliche herrschaft hat, mit praes. hist. und perf. II hist., mit welchem ersteren es 3567. 3573. 3574 in enklitischer stellung steht, wodurch der darstellung eine ausserordentliche lebhaftigkeit verliehen wird und sicherlich nicht ohne absicht.

6) Eine selbständige verwendung hat das perf. I nur dort gewonnen, wo es ein lat. und neufrz. imperf. vertritt, in der angabe von eigenschaften der personen, ausmalung von zuständen u. dergl., die im lat. und neufrz. eben in ihrer dauer, im Rolandsliede rein in ihrer thatsächlichkeit aufgefasst werden. Wie im lat. und neufrz., werden diese funktionen naturgemäss auch durch das praes. hist. versehen, wo aber ein präteritales tempus in anwendung, da steht nicht, wie dort, als regelmässiges tempus das imperf., sondern viel häufiger das perf. I.

24: Blancandrins fut des plus saives paiens,
  De vasselage fut asez chevaliers,
  Pruzdume i out pur sun seignur aidier.
157: Bels fut li vespres et li soleilz fut clers.

214: Li emperere en tint sun chief enbrune,
Si duist sa barbe, afaitad sun gernun.
304: Vairs out *les oils* e mult fier lu visage,
Gent out le cors e les costez out larges;
Tant par fut bels, tuit si per l' en esguardent.

Vgl. ferner 139—40. 208. 301. 407. 409. 438—39. 466. 485. 609. 611. 647. 671—72. 771—72. 775. 1002. 1215. 1217—18. 1388. 1586. 1593. 1632. 1943. 1979. 2056. 2066. 2105. 2218. 2278. 2375. 3313. 3345. 3762. 3820.

Bemerkungen:

1) Die angeführten beispiele beziehen sich nur auf selbständige hauptsätze; sie sind vielfach in art einer nebenbemerkung in die erzählung eingeschoben, erheben sich jedoch auch zu selbständigen schilderungen wie 24 ff. 214—15. 304—06 und weiterhin.

2) Es sind meist wiederkehrende perf. I, welche in dieser imperfectivischen weise stehen, nämlich fut, out, tint; 3 mal estut 671. 2105. 3762, 2 mal duist 215. 772, einmal detoerst 772, einmal afaitad 215, einmal sist 1543.

3) Duist, detoerst, afaitad sind iterativ zu fassen und erhalten ihre imperfectivische bedeutung nur durch ihre verbindung mit tint; dieses sowie out und fut sind an sich schon zuständliche verba, welche, ohne zweideutigkeit zu erregen, anstatt eines imperf. eintreten konnten; ebenso sist, für welches aber in den analogen stellen 116. 1491 etc. das praes. siet stets vorkommt.

4) Es ist zu bemerken, dass hier nur der singular des perf. I in imperfektivischer bedeutung vorkommt, wie denn überhaupt sich eine entschiedene neigung dahin geltend macht, den singular in das perf. I, den plural in das praes. hist. zu setzen; vgl. dist und dient; fut und furent, out und unt.

6a) Das imperfectivische perf. I im relativsatze. Da die relativsätze vielfach eine beschreibung von zuständen geben, so steht in ihnen im lat. und neufrz. vorzugsweise das imperf.

Im Rolandsliede erscheint dieses tempus auch hier weniger oft; sofern nicht das praes. hist. gebraucht wird, ist das gewöhnliche tempus das perf. I.

109: Là ù cist furent, des altres i out bien.
409: La fut li reis qui tute Espaigne tint.
439: Un algier tint qui fut d'or enpenez.
Ferner 463. 1542. 1581. 1597. 1915. 1953. 2288. 3663. 2813.

Auch hier herrscht tint und fut vor; 1 mal begegnet tindrent 3663, 1 mal furent 109, 2 mal out, 1 mal esmut 2813.

6b) Auch in conjunctionalen nebensätzen lieben die lat. und neufrz. sprache das imperf. anzuwenden. Namentlich ist im neufrz. der gebrauch des imperf. im substantivsatze mit que nach einem präteritalen haupttempus regel geworden; die auffassung des historisch thatsächlichen ist weniger gebräuchlich. Das Rolandslied braucht in dieser stellung das perf. I neben dem imperf. (vgl. dieses); es begegnen freilich nur 2 beispiele, nämlich

1940: Quant paien virent que Franceis i out poi ...
2314: Quant il ço vit que n' en pout mie fraindre ...

die indess genügen, um zu zeigen, dass das Rolandslied vom neufrz. abweicht.

6c) Das imperf. wird im lat. ferner gebraucht zur bezeichnung von die historische haupthandlung begleitenden nebenumständen. Auch hier begegnen wir im Rolandsliede dem perf. I in 348. 415. 3113. 3156 und zwar in allen 4 fällen tint und tindrent, dieses 3113.

347: En Tachebrun sun destrier est muntez,
L' estreu li tint sis uncles Guinemers.
414: Blancandrins vint devant Marsiliun,
Par le puign tint le cunte Guenelun.

347 sind 3113 und 3156 analog. 2820 steht in gleicher stellung sogar das perf. II hist. Doch ist auch hier das imperf. nicht ausgeschlossen. (Vgl. imperf.)

Das imperfectum.

Nach form und inhalt ist das imperf. des altfrz., resp. des Rolandsliedes dem des lat. identisch. Wie dieses bezeichnet es eine in der vergangenheit unvollendete, noch im werden begriffene thätigkeit.

Aber das imperf. hat im Rolandsliede viel von seinem ausgedehnten gebrauche im lat. verloren, indem unser gedicht die anschauung des historisch thatsächlichen liebt und demgemäss das perf. I eintreten lässt. (Vgl. perf. I.) Ferner sind es fast nur die imperfecta eret, esteie, aveie, suleie, teneie, die häufiger begegnen; neben diesen finden sich isolirt: 203 portout, 383 sedeit, 837 depeçout, 2560 discient, 3770 serveie. Dann ist zu bemerken, dass nur der singular des imperf. vorkommt mit ausnahme von 1504 avium, 2560 discient, indess wohl rein zufälliger weise.

1) Das imperf. bezeichnet die ihm eigenthümliche anschauungsweise zunächst in beziehung zu einer andern gleichzeitigen Handlung der vergangenheit

a) als einleitung in eine erzählung vergangener thatsachen, um den ort, die umstände zu bezeichnen, unter denen die erzählte begebenheit vor sich geht.

10: Li reis Marsilies esteit en Sarraguce.
    Alez en est en un vergier suz l' umbre . . .
Aehnlich 383. 2318.

Stehen zwei verben in ausübung dieser funktion, so scheint es regel, nur das eine in das imperf., das andere in das perf. I zu setzen.

2773: Li emperere fut hier as porz passer,
      Si s' en vuleit en dulce France aler
und in gleicher weise 2860. 3770;

b) zur bezeichnung einer begleitenden handlung,
   202: De ses paiens il vus enveiat quinze,
        Chascuns portout une branche d' olive.

2391: Desur sun braz teneit le chief enclin,
Juintes ses mains est alez à sa fin.
In diesem falle steht auch das perf. I hist. (Vgl. oben).

c) beschreibend in historischer rede, um eine eigenschaft oder einen ähnlichen nebenumstand zu der historischen haupthandlung anzugeben:
230: Après iço i est Naimes venuz,
Meillur vassal n' aveit en la curt nul.
Vgl. weiter 880. 1214. 1650. 1892. 1905. 2550. 3012. 3147. 3163. 3389. 3545. 3548.

Meist ist es ert, eret, das uns in diesen versen begegnet.

d) im conjunctionalsatze mit que nach einem tempus der vergangenheit und einmal 2556 nach praes. hist.
719: Sunjat qu' il eret as graignurs porz de Sizre.

Ferner 726. 837. 2556; 837 steht depeçout, in den drei andern stellen ert, das seine imperfectivische bedeutung überhaupt abgestreift zu haben und fut gleich zu sein scheint.

2) Das imperf. steht auch in absoluter stellung, d. h. ohne beziehung auf ein anderes tempus der vergangenheit, und bezeichnet alsdann lediglich eine in der vergangenheit dauernde handlung oder einen zustand.

1393: Icist nus ert forsfaiz.
1503: Sire cumpainz, ja est morz Engeliers,
Nus n' avium plus vaillant chevalier.
Ferner in 2049. 2216. 2322. 2406. 2599. 2672. 2745. 2782. 3094. 3456. Hieher gehört auch
295: Si n' ai un filz, ja plus bels n' en estoet.

Die stelle ist deshalb besonders zu bemerken, weil ja.. ne dem sinne nach gleich unques ne ist, das wir immer mit dem perf. I stehend kennen gelernt haben. Da estoet in der assonanz steht, so mag diese die veranlassung zu dem imperf. gewesen sein, dessen ungewöhnliche form überdies genugsam bekundet, dass die assonanz dem dichter schwierigkeiten machte.

In 1146 hat die Oxforder handschrift
Sire cumpainz, mult bien le saivez.

So wenigstens kann neben saivez gelesen werden, welches letztere von dem reime nicht im geringsten verlangt wird, da die assonanz in der betreffenden tirade 91 (1139—51) nur 2 mal ie, in den übrigen versen auf e lautet und dieses mit ie (lat. e und a) überhaupt assonirt. (Vgl. tirade 65, 73 etc.) Es wird jenes saivez also als praes. anzusehen sein, welches durchaus keine bedenken erregen kann, da es in demselben sinne steht, in dem wir dites 760, oi 313, faites 2000 etc. (siehe praes.) kennen gelernt haben.

Die conjecturen saviez oder gar disiez M^2 erscheinen dagegen wegen des mit que abhängigen perf. II sehr gewagt. (Vgl. unten consec. temp.) Disiez aber, das nur den Sinn eines perf. I oder perf. II haben könnte, ist vollständig ungerechtfertigt, wenn man es nicht etwa mit den im folgenden behandelten imperfecten stützen will.

3) Ein ganz abnormer gebrauch des imperf. findet sich in 2557 teneit, 2558 veeit, 2560 diseient. Diese imperfecta stehen in fortführung der erzählung eines traumes, die beginnt

2555: Après li vient une altre avisiun:
Qu' il ert en France ad Ais à un perrun...

Ganz analoge stellen sind 719 ff. 725 ff. und auch 2532 ff. In 719 wird der bericht über den traum im praes. hist., 725 im perf. I und 2532 ff. im praes. hist. und perf. I hist. gegeben. Da in 2555 keine anderen verhältnisse vorliegen, so ist offenbar, dass die imperf. hier ganz im sinne eines hist. praes. oder perf. I hist. stehen. Ausserdem kommen dieselben verba, die hier im imperf. begegnen, dort in derselben stellung und denselben verhältnissen, wie hier, vor. Vgl. 720 tient und 2556 teneit; 728 vit venir und 2558 veeit venir; dem diseient 2560 entspricht Franceis escrient 2546.

Veranlasst scheinen diese imperfecta durch vermittelung von teneit 2557, das seinerseits wieder durch ert beeinflusst wurde, an das es sich vermittelst si eng anschliesst.

Das plusquamperfectum.

Das lat. plusq. ging ziemlich früh verloren; es finden sich noch einige trümmer in den ältesten noch restirenden denkmälern der altfrz. sprache (avret, furet, roveret, leisera), verschwindet dann aber spurlos. Es wurde ersetzt durch zusammensetzung des part. pract. mit dem imperf. und perf. I von aveir und estre. Demnach besitzt das frz. zwei plusq. — wir bezeichnen sie einfach mit plusq. I und II — jenes mit dem imperf., dieses mit dem perf. I gebildet, welche diesen temporibus gemäss sich auch in der bedeutung scheiden; wenigstens im neufrz., indem das plusq. I einfach die handlung als solche, das plusq. II mehr den zeitpunkt ihres eintreffens ins auge fasst und daher fast nur nach den conjunktionen quand, lorsque, aussitôt que, bientôt, à peine etc. gebraucht wird. Im altfrz., speziell im Rolandsliede, existirt jedoch dieser unterschied nicht. Wie hier das perf. I ganz gewöhnlich für das imperf. eintritt, steht auch das plusq. II vielfach dort, wo das neufrz. nur das plusq. I erlaubt. Letzteres erscheint nur selten im Rolandsliede.

1) Das plusq. I begegnet nur in der direkten rede und in absoluter stellung, d. i. ohne beziehung auf ein anderes tempus der vergangenheit, zu dem es die vorvergangenheit bezeichnet.

2002: Par nule guise ne m' aviez desfiet.
Ebenso 2410. 2770. 3949.

In 2002 haben einige herausgeber, auch M², das plusq. ohne genügenden grund in perf. II log. corrigirt.

2) Das plusq. II steht in beziehung zu einem historischen tempus und ohne ein solches d. h. absolut und begegnet uns nur in historischer rede.

a) Mit beziehung auf ein historisches tempus, das sowohl praesential, wie präterital sein kann, bezeichnet das plusq. II eine vor diesem liegende handlung:

62: Li reis Marsilies out sun cunseill finet,
Si'n apelat Clarin de Balaguer.

Vgl. ferner: 78. 384. 385. 1450. 2775. 2779. 2783. Besonders anzumerken ist

1333: Trenchet l' eschine, unc n' i out quis juinture.

Unc ne steht sonst zur bezeichnung einer vorvergangenen handlung mit dem perf. I, hat aber alsdann die bedeutung „niemals zuvor", während der ausdruck hier nichts weiter, als eine verstärkte verneinung ist. Es ist ausserdem zu beachten, dass eine handlung, die, wie die in out quis bezeichnete, so nahe vor dem trenchet liegt, ja mit derselben genau genommen zusammen fällt, wohl selten durch das plusq. ausgedrückt wird. Das plusq. steht hier nicht so sehr mit bezug auf trenchet, als auf das resultat desselben.

b) Das plusq. II steht auch absolut, nämlich in

193: Li empereres out sa raisun fenie

und 425. 3095.

Nur anscheinend absolut, in wirklichkeit aber in beziehung auf das regierende verbum, steht das plusq. II einmal im conjunctionalen nebensatze mit que:

705: Ço dit li reis, que sa guerre out finée.

Sonst steht nach einem praes. hist. als regel wieder ein praesentiales tempus; hier müsste also perf. II stehen. (Vgl. consec. temp.) Im neufrz. kann jedoch plusq. stehen, aber nur plusq. I.

Das conditionel I.

Zu den präteritalen zeitformen gehört auch das conditionel I, es ist das imperf. des fut. I. Wie dieses aus der verschmelzung des infinitivs mit habeo, ist jenes aus der des infinitivs mit habebam entstanden. Das cond. ist also wie sein ursprung anzeigt, indikativischer natur; man rechnet es jedoch wegen seiner mit beziehung auf das lat. und andere sprachen vielfach conjunctivischen functionen oft zu den conjunctivischen zeitformen oder sieht es wenigstens als eigenen modus an.

Die bedeutung des cond. I geht in ihrem wesen, wie gleichfalls die etymologie lehrt, dahin, dass es vom standpunkte der vergangenheit aus eine handlung als einfach zukünftig bezeichnet.

1) In dieser ursprünglichen bedeutung steht das cond. I im conjunctionalen nebensatze mit que nach dem präteritalen tempus eines verbum dicendi, wie im neufrz.

403: ... l' uns à l' altre la sue feit plevit,
Que il querreient ...

Es kann die verbindende conjunction auch fehlen, wie 2864—67 der fall.

2863: D' une raisun oï Rollant parler:
Ja ne murreit en estrange regnet etc.

Statt dieser indirekten rection kann freilich auch die direkte beibehalten werden unter alleiniger änderung der person wie 612 ff.

Sur lui jurat li Sarrazins Espans,
E' en rereguarde troevet le cors Rollant,
Cumbatrat sei etc.

2) Das cond. I bekam sehr bald conjunctivische bedeutung, so dass vor ihm auch das lat. imperf. conj. gewichen sein mag. Es tritt aber als stellvertreter sowohl des lat. praes. resp. fut. conj. auf, als des imperf., wie es ihm denn eigen ist, keine bestimmte, geschlossene zeitanschauung mit sich zu verbinden.

a) Das cond. I steht an stelle eines lat. praes. conj.

In dieser weise erscheint es stets als vertreter des conj. potent. zur milderen, weniger diktatorischen bezeichnung einer aussage; auch im neufrz. ist das cond. I in dieser bedeutung geblieben. So steht es vor allem in dem ausdrucke vuldreie etc. 412. 2859. 2929. 2936, lat. velim, neufrz. voudrais.

411: N' i ad celui qui mot ne sunt ne mot tint
Pur les nuveles qu' il vuldreient oïr.
2858: Car mei méisme estoet avant aler,
Pur mun nevuld, que vuldreie truver.
2929: Si grant doel ai que jo ne vuldreie estre.
2936: Si grant dol ai que ne voldreie vivre.

Dass in allen vier fällen das cond. I im nebensatze erscheint, ist wohl blosser zufall. In absoluter weise, wie das neufrz. „je voudrais = ich möchte wünschen" begegnet uns vuldreie im Rolandsliede nicht.

In gleicher anwendung, wie vuldreie, steht devreit in

389: Li soens orgoilz le devreit bien cunfundre.
1149: Li empere nus devreit bien vengier.

Das in beiden fällen stehende bien entspricht dem deutschen „wohl", dem griechischen ἄν, das hier in gleicher weise meist zum potentialen optativ tritt.

Das cond. I dieser beiden hülfsverben ist um so bemerkenswerther, als dieselben, besonders in verbindung mit einem infinitive, das fut. I nicht gerne bilden; von deveir findet sich kein fut. im Rolandsliede. (Vgl. praes.) Die cond. von voleir stehen in obigen fällen immer in der zeitsphäre der gegenwart; devreit bezeichnet mit seinem infinitiv eine durchaus futurale handlung.

b) Als conj. potent. des fut. erscheint zunächst das cond. I von aveir in

391: Seit qui l' ociet, tuit pais puis avriumes.
1742: Ja li corners ne nus avreit mestier.

391 ist als ein bedingungssatz der zukunft mit dem ausdruck der ungewissheit aufzufassen; ohne diese würde der satz lauten: Si est... avrum. 1742 ist nicht etwa für den hauptsatz eines mangelhaften unwahren condizionalsatzes zu halten, da im folgenden das corners ausdrücklich gutgeheissen wird.

Derselbe gebrauch des cond. I begegnet uns in zweifelnden und ungewissen fragen, wo wir uns der hülfsverba „sollte, könnte" etc. bedienen, und wo der lateiner das praes. conj. oder, wenn die handlung in die vergangenheit fällt, das imperf. conj. anwendet. Der sinn der frage ist stets die negation derselben.

534: Ses granz valurs qui s' purreit acunter? Potential für: Ses granz valurs qui s' purrat acunter? In gleichem sinne ist des cond. I zu fassen in der phrase: Que fereient il el (plus)? 1185. 2812. 2961. und qu' en fereie jo plus ? 3956; ferner qu' en parlereient il plus ? 603.

3) Schon im Rolandsliede beginnt die verwendung des cond. I an stelle des lat. imperf. conj. im unwahren bedingungssatze; wir sagen beginnt, denn das cond. I ist bei weitem noch nicht soweit vorgedrungen, wie im neufrz., da in den meisten fällen noch das imperf. (plusq.) conj. in gebrauch ist. (Vgl. unten.) Der anwendung des cond. liegt eine viel correktere anschauung zu grunde, als der des imperf. conj. Denn obwohl dieses ein durchaus präteritales tempus ist, dessen zeitsphäre voll und ganz in der vergangenheit liegt, bezeichnet es im unwahren bedingungssatze handlungen der gegenwart und meistens sogar der zukunft. (Vgl. auch den deutschen gebrauch: Wenn er könnte, thäte er es.)

Zunächst erscheint das cond. I im bedingungshauptsatze: 240 Pecchiet fereit qui dunc li fesist plus. Ferner in 597—600. 1805. 2864. 3804.

* Auch begegnet es im bedingungsvordersatze:
3804: Mult sereit fols qui *ja s' en* cumbatreit.
Ebenso 596. Der vordersatz ist beidemal relativisch.

Eine ausführliche darstellung der construction der unwahren bedingungssätze siehe unter imperf. conj.

Identisch mit dem gebrauche des cond. I im hauptsatze der unwahren bedingungsconstruction ist der absolute gebrauch desselben, wie in

1053:   Jo fereie que fols,
        En dulce France en perdreie mun los.

Aehnlich in 257. 457. 1705. 1707. 1715. Zu diesen sätzen ist die bedingung aus dem sinne zu ergänzen.

Das conditionnel II

erscheint nicht im Rolandsliede. Das avreit... turnet 2866 ist nur scheinbar eins; in wirklichkeit aber ist es cond. I mit turnet als adjectivischem objectsprädikat, wie aus dem sinne deutlich hervorgeht. — Wir kommen nunmehr zu den temporibus des conjunctivs. Derselbe hat nur vier tempora, zwei praesentiale, das praes. und perf., und zwei praeteritale, das imperf. und plusq. Das futurum fehlt.

B. Die conjunktivischen tempora.

Was den syntaktischen gebrauch des conjunctivs als modus anlangt, so liegt derselbe ausser dem bereiche der gegenwärtigen darstellung. Unsere aufgabe beschränkt sich lediglich auf den gebrauch der tempora als solche.

Das praesens.

Das praesens conj. zeigt im allgemeinen die bedeutung des lat. praes. conj. und ist nur in soweit verschieden, als es die einfache futurbeziehung unter allen umständen mit ausdrückt, während im lat. in gewissen fällen noch ein besonderes, wenn auch periphrastisches, tempus in anwendung kam.

1) Das praes. conj. erscheint in rein praesentialem sinne entsprechend dem praes. log. und hist. des indikativs. In dieser bedeutung begegnet es vorzugsweise als historisches

praes. conj. nach den ausdrücken n' i ad... qui, n' en est... qui und ähnlichen; vgl. 4. 18. 19. 20. 102. 411. 750. 822. 854. 1003. 1244. 1252. 1430. 1482. 1522. 1555. 1618. 1657. 1803. 1814. 1836. 1845. 2401. 2419. 2522. 2545. 2740. 2798. 2908. 3031. 3049. 3418. 3462. 3540. 3669. 3681. 3805; ferner nach der wendung ne poet muer... wie

773: Ne poet muer que de ses oilz ne plurt.

Ebenso in 825. 834. 841. 959. 1599. 2193. 2381. 2517. 2873.

Concessiv, ebenfalls in historisch-praesentialem sinne 1279: ... *mort* l' abat cui qu' en peist u cui nun.

Ferner in 1413. 1592. 1626. 2034. 2043. 2168. 2220. 3364. 3822.

Endlich auch sonst, nur den begriff eines praes. ind. im conjunctivverhältniss bezeichnend, wie

457: Jo ne lerreie pur tut l' or que Deus fist,
Ne pur tut l' aveir ki seit en cest païs...

1992: Ne luinz ne pres ne poet vedeir si cler
Que reconuisset *nisun* hume mortel.

Ebenso 757. 1950. 2349. 3740. 3963. 3974.

Als besondere eigenthümlichkeit haben die verse 1666 und 1848 ein praes. conj. in historischem sinne nach einem logischen praes. ind.

1666: Enprès sun colp ne cuid qu' un denier vaillet.

1848: Si est bleciez, ne cuit qu' anme i remaigne.

Dieser gebrauch, den wir in ähnlicher weise beim praes. hist. des indikativs bereits kennen gelernt (3743), dürfte sich im lat. schwerlich irgendwo finden.

2) Meistentheils aber hat das praes. conj. eine futurale bedeutung, die schon in der natur des verhältnisses liegt, das der conj. darstellt. Der conjunctiv ist vorzugsweise der modus des wunsches sowie der ungewissheit und ungewissen möglichkeit, deren entscheidung man sich naturgemäss als in der zukunft liegend denkt. Es ist daher erklärlich, dass die

sprache sich keinen conjunctiv futuri gebildet hat, zu dem das bedürfniss sonst doch so gross war. In jener halb praesentialen, halb futuralen bedeutung steht das praes. conj.

a) in absoluten wunschsätzen und entspricht hier dem praesens imperativ, das ja ebenfalls zu den futuralen temporibus gehört. Es kann daher auch im bedingungsnachsatze stehen.

123: Salvez sciez de Deu!
519: Deus, se lui plaist, à bien le vus mereie!
Aehnlich 234. 358. 391. 416. 424. 428. 607. 676. 698. 788. 1008. 1013. 1045. 1047. 1062. 1073. 1089. 1107. 1177. 1258. 1349. 1505. 1565. 1589. 1616. 1854. 1855. 1856. 1865. 1924. 1938. 1958. 2004. 2062. 2109. 2144. 2196. 2197. 2245. 2257. 2258. 2309. 2351. 2680. 2687. 2713. 2746. 2749. 2761. 2847. 2898. 2934. 2938. 2940. 3013. 3016. 3017. 3107. 3272. 3276—78. 3290. 3299. 3340. 3358. 3538. 3559. 3718. 3721. 3757. 3801. 3810. 3897. 3898. 3902. 3906. 3959. 3982.

Im lat. ist der gebrauch ganz derselbe; ebenso im neufrz.

b) in absichtssätzen, ebenfalls ganz wie im lat. und neufrz., sowohl logisch wie historisch.

1004: Sunent mil grailles pur ço que plus bel seit.
Ebenso 40. 60. 624. 1046. 1474. 1927. 2263. 2436—37 3136. 3981.

c) nach unpersönlichen ausdrücken und negativen verben dicendi, indem sie ein urtheil über eine noch zukünftige handlung abgeben, gleichwie im neufrz.

44: Asez est mielz qu' il i perdent les chiefs,
Que nus perduns l'honur ne la deintiet.
Ebenso 58—59. 227. 228. 359. 497. 1475. 2501. 2608. 2723. 2978. 3794. 3934.

d) ebenfalls wie im neufrz. in substantivsätzen mit que nach den verben des wunsches, ferner des hinderns, bewahrens. Auch das lat. wendet vielfach das praes. conj. in diesem sinne nach „non prohibeo quin" an.

9: Ne s' poet guarder que mals ne li ataignet.

187: Mais il me mandet que en France m' en alge.

Ferner 95. 226. 239. 309. 310. 316. 319. 489. 521. 1027. 1063—64. 1074. 1090. 1470. 1473. 1964. 2044. 2061. 2241. 2261. 2362. 2438. 2489. 2518. 2617. 2273. 2940. 3109. 3139. 3476. 3591. 3609. 3674. 3719. 3800. 3809. 3842.

3) Rein futural steht das praes. conj. in denjenigen fällen, wo das verbum des regierenden satzes bereits ein futurum oder diesem gleichbedeutender modus ist. Schon das lat. wandte, wenn das haupttempus ein futurum war, statt des fut. conj. das praesens an.

321: Ainz i ferai un poi de legerie
Que jo n' esclair ceste meie grant ire.

376: Jamais n' iert hum qui encuntre lui vaille.

1091: Mielz voeill murir que me vienget *viltance*.

Vgl. ferner 82. 316. 322. 376. 448. 459. 480. 571. 593. 653. 769. 779. 781. 806. 859. 893. 915. 971. 1014. 1091. 1206. 1646. 1659. 1701. 1873. 1912. 1931. 1984. 2254. 2294. 2336. 2667. 2901. 2903. 2915. 3043. 3905. 3913.

4) Rein futural steht das praes. conj. auch in indirekten zweifelnden fragen in folgenden fällen:

1982: Or ne sai jo que face.

3715: Mielz ne sai jo qu' en parle.

Ferner nach jusque zur bezeichnung der absicht.

2662: Ne finerai en trestut mun vivant,
Jusqu' il seit morz.

Ebenso 2439. 2588.

Weiterhin nach ainz que.

1690: Ainz que il moergent, se venderunt mult chier.

Ferner 1900. 2939. 3480.

5) Einmal findet es sich auch in ungenauer weise zur bezeichnung eines gedankens, der logisch das perf. conj. erforderte.

Ne placet Deu que ço seit dit
1075: Que ja seie cornant.
(Vgl. Gautier: A Dieu ne plaise qu' il soit jamais dit,
que j' ai sonné.)

Auf den gebrauch der conjunctivischen zeitformen ist, da ihre bedeutung eine so unbestimmte, bewegliche und elastische ist, von entscheidendem einflusse das tempus des regierenden satzes; dieser einfluss ist dargelegt unten in dem abschnitt: Consecutio temporum, worauf wir hier verweisen, für das praes. sowohl, wie die andern zeiten des conjunctivs.

Das perfectum.

Das perf. conj., aus dem praes. conj. von aveir oder estre mit dem part. praet. zusammengesetzt, hat erstens die bedeutung des indicativischen perf. II. und vertritt zweitens das fut. exactum conj., wie das praesens das einfache futurum vertritt.

1) Als conjunctiv des perf. II log. indikativ steht das perf. conj.
1959: Iço ne di Carles n' i ait perdut.
1961: N' en vanteras el regne dunt tu fus
Vaillant denier que m' i aies tolut.

Als conj. des perf. II hist. indik. steht es nach ainz que in
2035: Ainz que Rollanz se seit aperceüz...,
Mult granz damages li est aparéuz.

2) Das perf. conj. steht im sinne eines fut. exactum, indem es eine handlung bezeichnet, die in die zukunft vor eine andere zukünftige handlung fällt.
758: Ne n' i perdrat ne runcin ne sumier,
Que as espées ne seit ainz eslegiet.
810: N' en descendrat pur malvaises nuveles,
Enceis qu' en seient VII c. espées traites.

Das imperfectum.

Das imperf. conj. ist formal aus dem lat. plusquamperfectum conjunctiv entstanden. Inhaltlich erscheint es im Rolandsliede noch einigemal mit der bedeutung des lat. plusq., meistens aber entspricht es in dieser hinsicht dem lat. imperf. conj. Das imperf. ist das allgemeine tempus der einfachen vergangenheit, vertritt also sowohl die anschauung des imperf., als des perf. I indik. Wie ferner das praes. conj. das fehlende fut. conj. ersetzt, so vertritt das imperf. das fehlende imperf. des futurums, welche function auch schon das lat. imperf. in gewissen fällen ausübte.

1) Das imperf. conj. hat seine plusquamperfectivische bedeutung vielfach in hypothetischen sätzen beibehalten:

691: Se il fust vifs, jo l' oüsse amenet.

1728: Se m' créissez, venuz i fust mis sire.

1760: Se l' desist altre, ja semblast grant mençunge.

1769: Une ne l' sunast, se ne fust cumbatant.

Aus diesen beispielen geht hervor, dass das imperf. mit plusq. bedeutung sowohl im vordersatze allein vorkommt 691. 1728, als im nachsatze allein 1769, als auch im vorder- und nachsatze zugleich 1760. Vgl. ferner 440. 2865. 3439. 3441.

Eine schwierigere erklärung hat das imperf. conj. in stellen wie

349: Là véissiez tanz chevaliers plurer.

Hier entspricht das imperf. ohne zweifel dem neufrz. plusq. conj. Gautier: Que de chevaliers vous eussiez vus pleurer! Ebenso im deutschen. Anders gestaltet sich das verhältniss zum lat. sprachgebrauche bei der frage, welches tempus hier würde angewandt werden. Hier wird das imperf. conj. gebraucht gemäss seiner ursprünglichen bedeutung als tempus der einfachen vergangenheit und zwar als conjunctivus potentialis. Das plusq. steht selten und alsdann stets mit beziehung auf ein anderes tempus der vergangenheit, während obige und ähnliche stellen ganz absolut stehen.

Vgl. Sall. Cat. 61. 1: Confecto proelio tum vero discerneres, quanta audacia quantaque vis animi fuisset in exercitu Catilinae. Vell. 2. 25. 1. Putares, Sullam venisse in Italiam non belli vindicem, sed pacis auctorem. Cic. Verr. 4. 23. 52. Qui videret illa... urbem captam diceret. (Vgl. Kühner, lat. gramm. II. pag. 135.) (Vgl. griechisch ἔγνως ἄν.) Von dieser anschauung der unentschiedenen möglichkeit sind das altfrz. und mit ihm überhaupt die romanischen sprachen abgegangen, indem sie diese sätze als unwahre bedingungssätze construirten und so den negativen sinn, der ihnen im grunde zukommt, auch äusserlich zur erscheinung brachten. Dass die auffassung der bedingung massgebend gewesen ist, beweisen die sätze, welche eine ganz hypothetische construction haben mit (rel.) vordersatz und nachsatz, wie
1181: Qui dunc oïst Munjoie demander,
De vasselage li poüst remembrer.

Ein fernerer beweis ist die neufrz. construction, welche ebenfalls die hypothetische ist. Dass hier das wirkliche, neugebildete plusq. angewendet wird, ist sehr natürlich, da das neufrz. das imperf. conj. in plusquamperfectivischer bedeutung eben nicht besitzt. — Vielleicht ist hier der ort, wo der übergang des lat. plusq. in die bedeutung des imperf. zuerst eintrat. Hier berührt sich wirklich das plusq. der vulgärsprache mit dem imperf. des classischen lateins.

Zu 349 vgl. ferner 355. 455. 1622. 3388. 3828.

Wie hier der haupt- oder nachsatz der bedingungsconstruction absolut steht, so kann in demselben sinne der rel. vordersatz verwandt werden.

1341: Qui lui véist l' un geter mort sul altre!
und ebenso 1680. 3473.

Zu 1181 vergleiche 1970—72. 3483—88.

In 3827 steht das imperf. conj. plusquamperfectivisch im concessivsatze:

3827: Queque Rollanz Guenelun forsfesist,
Vostre servise l' en doüst bien guarir.

Ferner erscheint das imperf. plusquamperfektivisch nach ainz que,

2230: Ainz qu' hum alast un sul arpent de camp,
Falt li li coers, si est chaoiz avant.

Alast steht eigentlich für das perf. seit alez (vgl. unten consec. temp.)

2) Neben jener plusquamperfectivischen bedeutung versieht das imperf. auch schon durchweg die einfach präteritale function als conjunctiv des imperf. und perf. I indikativ. Das lat. imperf. conj. verschwand schon sehr früh aus der sprache.

In dieser bedeutung steht es

a) in bedingungssätzen.

899: Fust chrestiens, asez oüst barnet;

ebenso im haupt- und nebensatze zugleich in 3764; sonst nur im vordersatze 1102. 1717. 1709. 3164;

b) im hauptsatze als conjunctivus potentialis.

332: Mais li cuens Guenes iloec ne volsist estre;

und ebenso 3999, beidemal in historischer rede. In dieser weise steht statt des imperf. conj. meist das cond. I. (Vgl. vuldreie cond. I);

c) im relativen nebensatze als conjunctivus potentialis.

1563: Tels corunez ne chantat uncles messe,
Qui de sun cors féist tantes prueces.

Ferner 1782. 3516; auch 2136 nach se, das im sinne eines relativs steht.

3) Das imperf. conj. ist zugleich conjunctiv des imperf. des futurums. In diesem futuralen sinne begegnet es

a) in hypothetischen sätzen.

240: Pecchiet fereit qui dunc li fesist plus;

ebenso im vordersatze 1804; im nachsatze 1102. 1717;

b) im substantivsatze mit que.

257: Jo me crendreie que vus vus meslissiez.

353: Qui ço jugat que doüssez aler,

und weiter in 404. 596. 764. 1779. 3154;

c) in absichtssätzen.

275: Car m' eslisez un barun de ma marche,
Qui à Marsilie me portast mun message.

Ferner 624. 631;

d) im unwahren wunschsatze.

2941: Entre les lur *fust* aluée e mise,
E ma car fust delez els enfuie.

Diese stelle ist dadurch noch besonders merkwürdig, dass das imperf. sich unmittelbar einem vorhergehenden praes. conj. opt. anschliesst, nämlich

2940: L' anme del cors me seit hoi departie!

Die darstellung springt unvermittelt aus der anschauung der möglichkeit in die der unmöglichkeit. —

Die construction der hypothetischen sätze.

Hier ist wohl der passendste ort, die construction der unwahren bedingungssätze, wie sie uns im Rolandsliede begegnet, zur einheitlichen darstellung zu bringen. Im lat. ist dieselbe einfach. Zur bezeichnung der gegenwart und zukunft dient das imperf. conj., zur bezeichnung der vergangenheit das plusq. conj. Speziellere eigenthümlichkeiten und abweichungen kommen für unsern zweck nicht in betracht.

Abgesehen von der schwankenden bedeutung des imperf. schliesst sich das Rolandslied in beziehung auf den modus durchweg noch dem lat. gebrauche an. In den weitaus meisten fällen steht sowohl im bedingungsvordersatze, wie nachsatze das imperf. und plusq. conj. Es erscheinen folgende drei formen des bedingungssatzes:

a) in haupt- und nebensatz stehen die tempora des conjunctivs:

691: Se il fust vifs, jo l' oüsse amenet.

Vgl. ferner 899. 1102. 1181. 1715. 1728. 1760. 1769. 1970. 3439. 3441. 3483 ff. 3764;

b) der bedingungsvordersatz hat imperf. conj., der hauptsatz cond. I:

240: Pecchiet fereit qui dunc li fesist plus.
Ferner 1804. 2864;

c) bedingungshauptsatz und nebensatz haben beide das cond. I: 596—600. 3804.

Mangelhafte bedingungssätze, d. h. solche, zu denen entweder der haupt- oder nebensatz fehlt, haben zur bezeichnung der vergangenheit das imperf. conj. 349. 355. 455. 1622. 3388. 3828 und 1341. 1680. 3473, zur bezeichnung der zukunft das cond. I 1053. 257. 457. 1705. 1707. 1715.

Zu den mangelhaften bedingungssätzen gehört auch
440: Ferir l' en volt, se n' en fust desturnez.

In diesem seltsamen verse ist volt nur scheinbar das haupttempus zu dem bedingungsvordersatze; dasselbe ist vielmehr zu ergänzen und einzuschieben; es würde etwa lauten: e il l' oüst ferut, se etc.

Bemerkungen:

1) Das altfrz. unterscheidet sich dadurch vom neufrz., dass dort se im vordersatz stets den conjunctiv und zwar des imperf. nach sich hat, während es im neufrz. immer das imperf. des indikativs regiert, das plusq. dagegen im indikativ und conjunctiv nach sich haben kann. Beide aber stimmen darin überein, dass se niemals mit einem cond. steht.

2) Für den bedingungshauptsatz sind im neufrz. das cond. I — wenn wir vom imperf. ind. absehen — obligatorisch, cond. II und plusq. conj. fakultativ; das Rolandslied hat im nachsatze das cond. I nur fakultativ, das plusq. und plusq. imperf. conj. aber obligatorisch; niemals erscheint cond. II.

3) Im bedingungsvordersatze des Rolandsliedes ist cond. I fakultativ, erscheint aber nur nach einem relativ; statt des cond. II erscheint in allen fällen das conjunktivische tempus.

4) Im bedingungvordersatze erscheint niemals ein ei-

gentliches plusq. conj.; dasselbe wird vielmehr allemal durch das imperf. conj. ausgedrückt. Das fust desturnez in 440 mus der analogie halber als imperf. angesehen werden. Im nachsatze jedoch kann das imperf. für das plusq. conj. eintreten.

5) Das imperf. indikativ im hauptsatze ist dem Rolandsliede unbekannt.

6) Im bedingungsvordersatze kann se ausgelassen werden, ohne dass die construction sich ändert: 899. 1102. 2865.

Das plusquamperfectum.

Das plusq. conj. setzt sich aus dem imperf. conj. von aveir oder estre mit dem part. praet. zusammen und ist conjunctiv sowohl für das plusq. I wie plusq. II indikativ, deren unterschied im conj. nicht besteht.

Das plusq. bezeichnet dementsprechend eine handlung, die einer andern vergangenen handlung vorausgeht. Es steht daher

1) zunächst in beziehung zu einem andern präteritalen tempus:

688: Ainz qu' il oüssent IV lives siglet,
Si 's acuillit e tempeste e orez;

2) absolut, ohne beziehung auf ein präteritales tempus, in hypothetischen sätzen und zwar nur im hauptsatze einfach zur bezeichnung der vergangenheit:

691: Se il fust vifs, jo l' oüsse amenet.

Vgl. ferner 1728—29. 1730. 1804. 3442, in welchen drei letzteren das passive plusq. sich formal mit dem imperf. deckt.

Das praesens imperativ.

Das altfrz. hat keinen imperativ futuri; der des praes. entspricht dem lat. nach inhalt und für den singular auch der form nach. Er ist ein wesentlich futurales tempus, indem er zu einer handlung auffordert, die noch geschehen soll.

Verbietend, d. i. negativ kann er auch mit bezug auf eine vergangene handlung stehen wie 1106. 1741. 2946; aber auch dies nur scheinbar. Denn obwohl sich das verbot auf die eben vergangene handlung bezieht, kann diese selbst doch nicht verboten werden, da sie ja bereits geschehen ist; das verbot meint vielmehr die wiederholung der vergangenen handlung in der zukunft. Weder dem lat., noch dem neufrz., deutschen und den andern sprachen ist der negative imperativ in dieser bedeutung unbekannt. Einige imperative beziehen sich auf eine handlung, deren ausführung mit dem befehle fast zusammen fällt; doch begründet diese nahe zukunft keinen wesentlichen unterschied.

Hieher ist auch as, ais = ecce zu zählen. Dies wörtchen kommt im Rolandsliede sehr häufig vor, meist in historischer rede und bequemt sich allen verhältnissen an. Es hat ganz praesentiale bedeutung in dem sinne des neufrz. voilà.

Wann und wo der imperativ durch das futurum vertreten wird, siehe unter dieser zeitform.

Das praesens infinitiv.

Man hat ein praesens infinitiv 1) mit beweglicher, unselbständiger und 2) mit constanter, selbständiger bedeutung zu unterscheiden.

Das praes. infinitiv im ersteren sinne hat keine eigene temporale bedeutung, richtet sich hinsichtlich dieser vielmehr, wie im lat., neufrz. und anderen sprachen, nach dem tempus des regierenden verbums, dem es sich anschliesst. Ob es sich mit oder ohne praeposition an das verbum schliesst, ist dabei von keinem belang, ausgenommen natürlich diejenigen praepositionen, welche ihrer natur nach eine futurale beziehung ausdrücken. Beispiele anzuführen, wird nicht nöthig sein. Ja, der infinitiv entledigt sich so sehr seines temporalen charakters, dass er versubstantivirt werden kann, wie li corners 1742, al corner 2108 und andere.

Der infinitiv hat aber auch, unabhängig vom regierenden tempus, eine selbständige, nämlich futurale bedeutung. Mit dem untergange des lat. infinitiv futuri — der aber auch schon im lat. nur durch zusammensetzung gebildet wurde und nur in den constructionen des accus. und nom. c. inf. zur verwendung gelangen konnte — besonders aber des part. fut. act. und pass., des gerundiums und supinums, durch welche theils ausschliesslich, theils fakultativ futurale bedeutung repräsentirt wurde, gewann das praes. inf. zunächst als modus eine bedeutende erweiterung, und mit dieser ging auch die futurale bedeutung auf ihn über. Namentlich steht das praes. inf. zur bezeichnung einer absicht in futuraler bedeutung.

17: En cest païs nus est venuz cunfundre.
43: Par num d' ocire enveierai le mien.
987: Se ne l' asaill, dunc ne faz jo que creire.

Ebenso an vielen anderen stellen; vgl. beispielsweise: 41. 111. 189. 963. 1048. 1092. 1096. 1133. 1178. 1255. 1499. 1500. 1505. 1516. 1863 etc.

Negativ wird das praes. infinitiv in absoluter stellung auch anstatt eines imperativs oder vielmehr futurums angewandt, bezeichnet also gleichfalls futurale thätigkeit.

1113: Sire cumpainz, amis, ne l' dire ja!
2337: *Damnes* Deus pere, n' en laissier hunir France.

Das perfectum infinitiv.

Das lat. perf. inf. ist im frz. verloren gegangen. Die neubildung, eine zusammensetzung der infinitive aveir oder estre oder aveir estet mit dem part. praet. findet sich nicht im Rolandsliede.

Das praesens particip.

Ueber das praes. part. gilt ein ähnliches, wie das über den infinitiv gesagte. Es ist erstens zeitlos, indem es sich dem regierenden tempus anbequemt, nichts weiter, als gleichzeitigkeit mit diesem ausdrückend; zweitens steht es futural, in vertretung namentlich des lat. part. fut. act.

1) Das part. praes. bezeichnet als relatives tempus eine blosse gleichzeitigkeit mit dem regierenden tempus:

553: Pur tantes terres est alez cunquerant.
862: Dist à sun uncle belement en riant.
889: As vus puignant Malprimis de Brigal.
944: En Renceswals irez as porz passant.

Vgl. ferner: 1075. 1165. 1155—56. 1160. 1472. 1475. 1480. 1766. 1780. 1781. 1783. 2462. 2463. 2472. 2648. 2649. 2839. 2841. 2843. 3371. 3372. 3970. 3971 etc.

Die zeitlosigkeit des praes. part. tritt auch deutlich darin zu tage, dass es oft zum reinen adjectiv oder substantiv verflacht, wie bei curant, semblant, recreant, vivant und anderen. Vgl. 543. 942. 949. 1071. 1153. 1154. 2466. 2470. 2478 etc.

2) In futuraler bedeutung steht das part. praes. in verbindung mit aler und anderen verben der bewegung.

1166: Cist paien vunt grant martirie querant.
1169: A cez paroles vunt les oz ajustant.

Vgl. ferner 1480. 2461. 2661. 2732. 3375. 3376 etc.

Nicht immer drückt das praes. part. in verbindung mit einem verbum der bewegung futurbedeutung aus, sondern auch gleichzeitigkeit, wie oben 533, wie sich denn überhaupt über die auffassung dieses praes. part. streiten lässt.

Das participium perfect aktiv
erscheint im Rolandsliede nicht. Ebenso nicht
Participium praesentis
und Participium perfecti } passivi.

Das participium praeteriti.

Der form nach dem lat. part. perf. passivi gleich, verlangt es einiges über seinen temporalen inhalt. Das participium perf. hat im lat. durchaus vergangene bedeutung, so dass amatus heisst: jemand, der geliebt worden ist. Amatus est heisst daher meistens: il a été aimé er ist geliebt worden. Ausnahmen finden freilich statt; so wird das part. perf. von manchen deponentien in der bedeutung eines part. praes. gebraucht: ratus, veritus, usus u. a.; ebenso das part. perf. der halbdeponentien fisus, solitus. Ferner erscheint das part. perf. pass. einiger activen verben in praesentialer bedeutung, aber nur in der eines praes. aktiv, wie consideratus, profusus, falsus. Im allgemeinen bleibt die rein perfectivische bedeutung unangetastet. Dieselbe hat nun auch das altfrz. und speziell das Rolandslied beibehalten 1) durchweg in der activen conjugation mit avoir und estre; 2) theilweise auch im passiv: 2087 Ne sui mie vencuz heisst: je n' ai pas été vaincu vgl. 2966. 2969 und viele andere stellen, wo das perf. ind. pass. nie mit ai été sondern mit sui gebildet wird. In diesem perfectivischen sinne steht das part. praet. auch allemal, wenn es in prädikativer, attributiver oder sonst absoluter stellung erscheint.

1187: Francs e paiens as les vus ajustez.

2083: Turpins de Reins quant se sent abatut,
   De IV espiez parmi le cors ferut...

Vgl. weiter 1042. 1989. 2009. 2093. 2220. 2386. 3452 etc.

Doch findet sich recréuz 2088 als part. praet. von recreire in der bedeutung von recreanz = jemand, der nachgibt, feige ist; ähnlich, wie lat. invictus = jemand, der nicht besiegt werden kann, der unbesiegbar ist.

Dieser praesentiale gebrauch wurde aber bei der bildung des praes. pass. regelmässig, so dass je sui amez heisst, ich bin jemand, der geliebt wird, ich werde geliebt. Dass daneben, bei der bildung des perf. II pass., die perfectivische bedeutung bestand, ist oben bereits bemerkt. Im neufrz. ist diese praesentiale entwickelung des part. praet. noch weiter fortgeschritten, insofern die praesentiale bedeutung bei der bildung des passivs die fast ausschliessliche wurde, so dass das perf. II mit ai été gebildet werden musste, mit ausnahme bestimmter fälle, wo das einfache sui genügt. (Vgl. des näheren hierüber Diez Gr. III³ 202 ff.)

Nachträge.

I. Ueber das tempus in temporalen nebensätzen nach den conjunctionen der zeit.

Wir geben im folgenden eine zusammenhängende darstellung dieser materie behufs eines sicheren überblicks über den gegenstand. Manches ist bei der darstellung der einzelnen tempora bereits erwähnt worden und muss hier lediglich recapitulirt werden.

1) Quant (lat. quando) steht wie das lat. cum temporale, das deutsche als, erstens zur bezeichnung der gleichzeitigkeit, zweitens der vorzeitigkeit einer vergangenen handlung bezüglich einer andern. Es wird hauptsächlich in der historischen rede verwandt, ähnlich dem lat. cum.

a) Quant steht zur bezeichnung der gleichzeitigkeit einer historischen handlung mit einer andern

α) mit dem historischen praes; die handlung des hauptsatzes kann in jedem hist. tempus ausgedrückt werden: praes. hist., perf. II hist., perf. I hist.

142: Quant se redrecet, mult par out fier lu vis.
1110: Quant Rollanz veit que bataille serat,
  Plus se fait fiers.
3850: Quant veit Tierris qu' or en iert la bataille,
  Sun destre guant en ad presentet Carle.

Vgl. weiter: 324. 1196. 1537. 2083. 2124. 2215. 2342. 2447. 2481. 3006. 3452. 3553. 3780. 3815.

Dabei werden auch solche handlungen als gleichzeitig betrachtet, welche streng genommen vorzeitig zu fassen sind und daher lat. vielfach das plusq. mit cum verlangen würden, obschon man auch hier so streng nicht ist. Diese auffassung der gleichzeitigkeit ist aber nur erlaubt, wenn die handlung des temporalsatzes unmittelbar vor der des hauptsatzes liegt:

323: Quant l' ot Rollanz, si cumençat à rire.

Vgl. weiter: 601. 745. 761. 1932. 2082. 2476. 2870. 3006. 3612. 3648. 3728. Eine ganz bestimmte grenzscheide lässt sich nicht ziehen.

β) Seltener mit dem perf. I hist.; das tempus des hauptsatzes kann praes. hist., perf. I hist., perf. II hist. sein. 333. 1219. 1940. 2222. 2314. 3533.

Auch wird eine logisch vorzeitige handlung als gleichzeitig betrachtet.

443: Quant le vit Guenes, mist la main à l' espée

und 499. 751.

b) Quant steht zur bezeichnung der vorzeitigkeit einer handlung vor einer andern vergangenen handlung mit dem perf. II hist.

3934: Quant Tierris ad vencuë sa bataille,
 Venuz i est li emperere Carles.

Ebenso 3975. 3988.

Quant bezeichnet auch: damals als, in dem augenblicke als, (lat. cum mit dem indikativ.) In dieser bedeutung nur in direkter rede, deren einfach präteritales tempus perf. I ist. Es steht daher quant mit perf. I:

1708: Quant je l' vus dis, n' en féistes nient.

In gleicher weise 514. 770. 1716.

Gehen beide handlungen auf die zukunft, so steht nach quant ebenso wie im hauptsatze das fut. I:

51: Quant cascuns iert à sun meillur repaire,
 Carles serat ad Ais à sa capele.

Ebenso 151. 1077.

Sogar, wenn die handlung des nebensatzes vorzukünftig ist, steht das fut. I, indem sie eben gleichzeitig gedacht wird.

1928: Quant en cest camp vendrat Carles mis sire,
 De Sarrazins verrat tel discipline.

Quant primes in der bedeutung simulatque erscheint mit dem praes. hist. zur bezeichnung der mit der historischen haupthandlung gleichzeitigen thätigkeit.

2845: Al matinet, quant primes apert l' albe,
Esveilliez est li emperere Carles.

Indess kann der nebensatz, als erklärend zu al matinet, auch allgemein gefasst werden.

2) Cum (lat. cum), in der bedeutung gleich quant, steht wie dieses ohne rücksicht auf das tempus des hauptsatzes, zur bezeichnung einer handlung, die mit der einfach vergangenen handlung des hauptsatzes gleichzeitig ist, in hist. erzählung

a) mit praes. hist. 2636. 2827. 3698,
b) mit perf. I hist. 1643. 2709. 3329.

Auch hier wird eine logisch vorvergangene handlung als gleichzeitig gedacht, was 2709 der fall ist.

Zur bezeichnung der vorzeitigkeit steht cum wie quant mit perf. II hist. 1994. 3310.

Mit beziehung auf die zukunft hat cum wie quant die bedeutung: dann wann und das fut. I nach sich 2910. 2917.

Si cum = simulatque = quant primes 2845 hat wie dieses zur bezeichnung der gleichzeitigkeit mit einem einfachen präteritum praes. hist. in 667; die stelle ist ganz analog 2845. (Vgl. ob.)

Von diesem si cum sind zu unterscheiden: si cum 2203 und cum ainz = si cum 1037; dies sind keine zeitkonjunktionen, sondern zeitadverbien = quam celerrime potuit.

3) Puis que = postquam bezeichnet gemäss seiner abstammung eine vorvergangenheit und regiert, wie postquam das perf. hist., das perf. II hist.

2665: Puis qu' il ad dit, mult s' en est afichiez.
Ebenso 896. 3858. (Vgl. quant und cum.)

Doch steht es auch, gleich dem lat. postquam, zur bezeichnung einer vorvergangenheit mit dem praes. hist. in

818: Puis que il vienent à la Terre Majur,
   Virent Guascuigne

obwohl im hauptsatze das perf. I hist. steht. Lat. ist postquam, wenn der hauptsatz kein praes. hist. hat, nicht mit dem praes. hist. zu construiren. Vielleicht bezeichnet hier puis que mehr gleichzeitigkeit, ist demnach gleich quant und cum.

Puis que steht ebenfalls mit praes. hist. in

1095: Puis que il sunt as chevals e as armes,
   Ja pur murir n' eschiverunt bataille.

Doch vertritt hier sunt offenbar nur ein sunt muntet; ausserdem wäre in diesem falle wegen des folgenden fut. I auch im lat. postquam mit dem praes. hist. erlaubt.

4) Tresque, jusque = jusqu' à ce que, welche ausführliche form im Rolandsliede niemals erscheint. Der beispiele im Rolandsliede sind zu wenige, um zwischen beiden wörtern mit gewissheit einen unterschied feststellen zu können. In der bedeutung sind beide gleich; doch scheint tresque einfache thatsache, jusque dagegen eine absicht zu bezeichnen. Thatsächlich regiert im Rolandsliede

a) tresque den indikativ und zwar perf. I hist. in

162: La noit demurent tresque vint al jur cler

und das fut. I in

3849: Fait cels guarder, tresque li dreiz *iert faiz*.

Hier scheint jedoch in dem tempus selbst die absicht ausgedrückt zu sein;

b) jusque steht mit dem conjunktiv und zwar des praes. zur bezeichnung einer einfachen zukunft 1838. 2439, aber auch zur bezeichnung einer vorzukunft in 3597.

5) Ainz que, enceis que (lat. antequam) stehen zur bezeichnung einer vorvergangenheit

a) mit beziehung auf ein praes. hist. im hauptsatze mit imperf. conj. 2230;

b) mit beziehung auf ein perf. II hist. mit perf. conj. 2035;

c) mit beziehung auf ein perf. I hist. mit plusq. conj. 688. 1804;

- d) mit beziehung auf ein fut. I oder ein diesem gleiches tempus (praes. conj. optat. 2939) mit praes. conj. in 1690. 1900. 2939. 3480 und mit perf. II. in 811.

Nirgend erscheint das plusquamperfectum conj.

Uebrigens ist die zeitfolge nach diesen conjunctionen, jusque, ainz que, enceis que, mehr vom haupttempus als der conjunction abhängig. (Vgl. cons. temp.)

Wie das lat. antequam getrennt werden kann in ante und quam und jenes dem hauptsatz, letzteres dem nebensatz zugetheilt wird, ähnlich wird im Rolandsliede ainz que in ainz ... (hauptsatz) und que (nebensatz) getrennt. Dies geschieht, wenn die handlung auf die zukunft geht und der hauptsatz verneint ist. Im nebensatze mit que folgt alsdann das fut. I indikativ.

83: Ainz ne verrat passer cest premier meis
Que je l' siurai od mil de mes fedeilz.

Regelmässig würde die construction lauten: ne verrat ... ainz que je l' aie seü; in derselben weise steht ja ... que = ainz ... que in 693.

6) Das lat. paene = beinahe wird im Rolandsliede durch pur poi (que), a bien petit que 326 gegeben. Sie regieren

a) praes. hist. 325. 326,

b) perf. II hist. 2789. 3608;

neufrz. steht il s' en faut de (bien) peu que mit subj.

7) Tant cum = quamdiu erscheint

a) zur bezeichnung der gleichzeitigkeit einer futuralen handlung mit einem futurum im hauptsatze mit praes. ind. 544. 557 und mit fut. I 2126;

b) zur bezeichnung der gleichzeitigkeit mit einem praes. hist. im hauptsatze mit praes. hist. 1802.

II. Consecutio temporum.

Einen einfluss auf das tempus gewisser nebensätze übt

in nicht geringem maasse das tempus des regierenden hauptsatzes aus. Dies ist der fall bei denjenigen nebensätzen, welche zu dem hauptsatze in einem innerlich abhängigen verhältniss stehen, d. i. bei den conjunctionalen nebensätzen, den indirekten fragesätzen, und allen abhängigen conjunktivsätzen, weniger schon bei den folgesätzen. Im lat. bestimmt in solchen sätzen das regierende tempus das abhängige fast diktatorisch; beinahe gleicher regelmässigkeit begegnet man im Rolandsliede. Es gelten folgende regeln:

A.) für die abhängigen indikativsätze.

1) Im substantivsatze mit que steht

a) nach einem präsentialen tempus der direkten rede wieder ein solches tempus: praes. log., perf. II log., fut. I:
308. 531. 591. 716. 884. 968. 1058. 1069. 1072. 1147. 1444. 1774. 1795. 1923. 1936. 1965. 2108. 2427. 2608. 2743. 2837. 2913. 3179. 3409. 3413. 3743. 3825;

3743 steht nach einem praes. log. ein praes. hist.

Il est escrit en l' anciene geste
Que Carles mandet humes de plusurs terres;

b) nach einem histor. praes. tempus: praes. hist., perf. II hist. folgt ebenfalls wieder ein praesentiales hist. tempus: praes. hist., perf. II hist., fut. I:
324. 734. 761. 983. 1110. 1587. 1846. 1886. 1965. 2010. 2259. 2284. 2297. 2342. 2355. 2366. 2476. 2877. 2554. 3651. 3728. 3780. 3815. 3850. 3872. 3924;

c) nach einem nebentempus: imperf., perf. I, plusq. I, II, cond. steht wieder ein nebentempus:
404. 719. 726. 837. 1940. 2091. 2314. 2864 ff.

Ausnahmen.

α) Nach einem praes. hist. steht ein nebentempus in 705 out fenie und in 2556 ert.

β) Nach einem praesentialen tempus steht nicht selten perf. I statt perf. II, wenn eine vergangene handlung als blosser moment, rein historisch, ohne alle beziehung zur gegenwart dargestellt werden soll.

1538: Pocz saveir que mult grant doel en out; und ähnlich 1123. 1387. 2363. 2413.

2) In beziehung auf indirekte fragesätze gelten dieselben regeln; vgl. 423. 460. 735. 742. 927. 2103. 2553. 2567. 2912. 2981.

3) Die folgesätze sind in beziehung auf ihr tempus schon selbständiger, ja scheinen sich, wie im lat., überhaupt nicht nach den oben aufgestellten regeln beeinflussen zu lassen. Das verhältniss des nebensatzes zum hauptsatze ist folgendes:

a) Meist steht nach einem praesentialen tempus wieder dieses tempus: 723. 1035. 1273. 1279. 1299. 1302. 1318. 1579. 1588. 1590. 1668. 1894. 2228. 2604. 2801. 3357. 3364. 3428. 3450. 3464. 3549. 3619.

b) Nach einem perf. I folgt wieder ein perf. I in 403. 2219. 2293.

c) Nach einem perf. I folgt aber ein praesentiales tempus 451. 1307. 1316. 2782. 2929. 2936. 3506. 3524. 2923. 3980; ferner 406. 1829. 2689. 2842. 3697. Letztere stellen beziehen sich auf eine bestimmte redewendung tant... que mit praes. hist.; einmal steht in dieser phrase nur perf. II 452.

B.) Für die abhängigen conjunctivsätze, einerlei ob es substantivsätze, concessivsätze, relativsätze etc. sind, sind folgende regeln in geltung.

a) Nach einem praesentialen tempus der log. gegenwart (direkten rede) folgt wieder ein gleiches tempus: praes. oder perf. conj.

18. 19. 44. 45. 46. 58—60. 82. 187. 227. 228. 239. 309. 310. 316. 319. 322. 359. 376. 391. 448. 480. 489. 521. 530. 571. 577. 579. 593. 623. 653. 659. 750. 757. 759. 769. 779. 781. 806. 834. 915. 971. 1013. 1014. 1027. 1046. 1063—64. 1074—75. 1090—91. 1474—75. 1505. 1646. 1666. 1701. 1744. 1848. 1900. 1924. 1927. 1950. 1959. 1962. 1982. 1984. 2061.

2254. 2294. 2309. 2336. 2349. 2351. 2436—39. 2561. 2608.
2663. 2673. 2723. 2738. 2740. 2760. 2901. 2903. 2955. 2939.
2949. 2978. 3043. 3109. 3136. 3183. 3480. 3538. 3559. 3591.
3715. 3719. 3740. 3789. 3791. 3800. 3809. 3842. 3905. 3909.
3932. 3974. 3981.

b) Nach einem praesentialen tempus der hist. rede folgt im abhängigen conjunctivsatze ebenfalls praes. oder perf. conj.
4. 9. 20. 95. 102. 325. 326. 411. 773. 811. 822. 825. 841.
854. 859. 959. 982. 1004. 1206. 1244. 1252. 1279. 1419 1430.
1442. 1470. 1482. 1522. 1546. 1555. 1592. 1599. 1618. 1626.
1657. 1659. 1690. 1803. 1814. 1836—38. 1845. 1873. 1912.
1931. 1964. 1993. 2034. 2035. 2043. 2044. 2168. 2193. 2220.
2241. 2261. 2362. 2381. 2401. 2419. 2517. 2518. 2522. 2545.
2617. 2667. 2798. 2873. 2908. 3031. 3049. 3133. 3170. 3364.
3418. 3462. 3476. 3522. 3540. 3588. 3609. 3669. 3674. 3681.
3805. 3913. 3963.

Bemerkungen.

In bezug auf a) stimmt das Rolandslied mit dem lat. gebrauche durchaus überein; rücksichtlich b) indess verfährt es viel strenger und konsequenter, insofern der lateiner nach einem historischen praesens den conjunctiv sowohl im praesentialen als präteritalen tempus folgen lassen kann, das Rolandslied aber auch die historisch praesentialen tempora den logisch praesentialen gleich behandelt. Ferner hat im lat. ein perf. log. meist ein pract. des conjunctivs nach sich, was sich im Rolandsliede nirgend findet. Die obigen regeln sind so allgemeine, dass wir nur wenigen vereinzelten ausnahmen begegnen. Es sind:

zu a). Hier finden sich ganz auffallende ausnahmen:

275: Car m' eslisez un barun de ma marche,

Qui à Marsilie me portast mun message;
und ähnlich 624 und 631 nach einem tempus mit futurbedeutung;

zu b). 1782: Suz ciel n' ad gent l' osast requerre en champ; und ebenfalls nach praes. hist. ein imperf. conj.: 1637. 2230.

Für die ausnahmen zu a) wüssten wir keinen irgendwie annehmbaren erklärungsgrund anzuführen; die fälle sind völlig anormal. Sie haben indess alle drei das gemeinsam, dass das präteritale tempus des conjunctivs im absichtssatze steht nach einem tempus mit futurbedeutung.

Was die fälle zu b) anbelangt, so brauchen wir nur auf den lat. gebrauch hinzuweisen, der nach praes. hist. ganz gewöhnlich ein imperf. conj. zulässt, da das praes. hist. immer doch eine vergangene handlung bezeichnet und so gewissermassen auch zu den präteritalen temporibus gerechnet werden kann. Jedoch sind und bleiben die ausnahmen, bei der sonstigen allgemeinheit der regel, anstössig und sind etwa damit zu erklären, dass dem dichter ursprünglich ein selbständiger satz mit perf. I hist. vorschwebte und er nun, als er abhängig construirte, das imperf. conj. setzte.

c) Nach einem nebentempus im hauptsatze folgt im abhängigen satze gleichfalls ein nebentempus (imperf. oder plusq. conj.): 257. 353. 404. 596. 688. 764. 1564. 1779. 1804. 2136. 2320. 2865. 3516. 3827.

Auch hier sind einige ausnahmen zu verzeichnen:
457: Jo ne lerreie pur tut l' or que Deus fist,
Ne pur tut l' aveir qui seit en cest païs,
Que ne le die...

Der relativsatz qui seit ist nicht innerlich abhängig von lerreie, und steht potentialiter für qui est = praes. log. Er scheint zugleich das folgende von lerreie abhängige die veranlasst zu haben.

Die rücksicht auf die assonanz war vielleicht die veranlassung zu der folgenden ausnahme:
2263: Prist l' olifan, que reproce n' en ait.

Unentschieden ist die frage in 3609, da das regierende verbum volt sowohl praes. hist., als perf. I hist. sein kann.

Hiermit sind wir an dem ende unserer untersuchung angelangt. Unser bestreben ist gewesen, ein möglichst getreues und vollständiges bild der temporalen verhältnisse des Rolandsliedes zu geben. Dass die resultate nicht als allgemein gültig für den altfrz. sprachgebrauch angesehen werden dürfen, ist natürlich, einestheils wegen des im ganzen einfachen coordinirenden satzbaues des Rolandsliedes gegenüber den kunstvollen und mannigfach gegliederten constructionen der feineren kunstpoesie, anderntheils wegen der zu geringen zahl von beispielen, wenigstens in einzelnen theilen, z. b. bei tresque, jusque, quant, den unwahren bedingungssätzen etc., welche keinen schluss auf die allgemeinheit zulässt. Es bedarf diese arbeit daher der ergänzung aus dem gebiete der kunstpoesie und last, not least, auch der prosa. Besonders möchten wir die aufmerksamkeit auf einen punkt lenken, der unseres wissens hier zum ersten male angedeutet worden, wir meinen die hindeutungen auf die mehr rhetorischen als syntaktischen gesetze, welche den wechsel der drei historischen tempora praes. hist., perf. I hist. und perf. II hist. beherrschen. Je schwieriger das gebiet ist wegen der anscheinenden regellosigkeit, mit der die tempora sich ablösen, zu um so überraschenderen resultaten möchte eine mit fleiss und geschick durchgeführte, auch auf andere gedichte sich erstreckende behandlung dieses themas führen. Ebenso möchte sich eine speziellere prüfung des einflusses verlohnen, den gewisse partikeln: en, si, puis, atant, tant etc. auf den gebrauch namentlich der hist. tempora ausüben, durch deren ergebnisse wir unsere ansicht bestätigt zu sehen wünschen.

THESES.

I. In carmine de Sancta Eulalia v. 23 loco domnizelle: domna scribendum esse contendo.

II. In carmine de Hruodlando, quale codice Oxoniensi traditur, v. 1146 nec savicz, ut viri doctissimi Hoffmann, Gautier, Boehmer scribunt, nec disiez, ut a Müller emendatum est, sed saivez legendum esse confirmo.

III. Iis, quae vir doctissimus Franciscus d'Ovidio de origine declinationis romanensis dicit, fides tribuenda esse mihi videtur.

IV. In lingua Francogallica in gymnasiis nostris tradenda aeque usus ac ratio respicienda sunt.

V. Nego Cynewulfum poetam unquam in ordinem sacerdotum esse susceptum.

VI. Andream, poema epicum anglosaxonicum, Cynewulfo poetae esse attribuendum arbitror.

VII. Dietrich iure affirmat poema anglosaxonicum, quod „Crist" vocatur, unum esse quantum pertinet ad argumentum, sed errat id esse unum genere dicendi.

VIII. Vocales gothicae aí et aú, vocales ë et o linguae Theotiscae antiquae Germaniae superioris ex vocalibus i et u non sunt fractae; sed iis assentiendum est, qui eas his priores et medias esse putant inter vocalem primitivam a et vocales i et u, ex a debilitatas vel obtusas.

IX. Auctori carminis antiqui saxonici, cui nomen Heliand inditum est, nihil commune est cum auctore poematum, quae Caedmoni, poetae anglosaxonico, attribui solent.

VITA.

Natus sum Henricus Bockhoff a. d. XV. Kal. Oct. anno MDCCCLVI in oppido Guestfaliae, cui nomen est Stadtlohn, patre Theodoro et matre Gertrude e gente Schippmann, qui ante complures annos e vita discesserunt. Tredecim annos et dimidium natus studiis litterarum operam dare coepi. Cum per sex menses doctore privato usus essem, scholae rectorali Wernensi traditus sum. Qua uno anno interiecto relicta in gymnasium Paulinum Monasteriense receptus sum, quod per quattuor annos et dimidium frequentavi. Anno MDCCCXXVI mense Aprili maturitatis testimonium adeptus ut ad studia philologica incumberem universitatem Monachiensem petivi ibique per semestre lectiones audivi. Deinde Monasterium reversus atque in cives huius almae litterarum Academiae regiae relatus praecipue linguis romanensibus et germanicis studui. Per quinque semestria scholis interfui VV. DD. Körting, Langen, Lindner, Parmet, Sivers, Spicker, Storck. Mense Ianuario huius anni examen pro facultate docendi prospere superavi.

Omnibus illis viris, quibus doctoribus usus sum, imprimis VV. DD. Körting et Storck, gratias ago quam maximas.